Kauderwelsch
Band 7

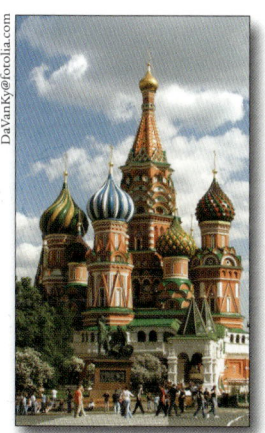

Basilius-Kathedrale, Moskau

Impressum

Elke Becker
Russisch — Wort für Wort
erschienen im
REISE KNOW-HOW Verlag Peter Rump GmbH
Osnabrücker Str. 79, D-33649 Bielefeld
info@reise-know-how.de

Bearbeitung	Claudia Schmidt
Layout	Elfi H. M. Gilissen
Layout-Konzept	Günter Pawlak, FaktorZwo! Bielefeld
Umschlag	Peter Rump (Titelfoto: Peter Rump)
Kartographie	Iain Macneish
Fotos	© Fotografen@fotolia.com (Namensangabe am jeweiligen Foto)
Druck und Bindung	Werbedruck GmbH Horst Schreckhase, Spangenberg

ISBN: 978-3-8317-6433-4
Printed in Germany

Dieses Buch ist erhältlich in jeder Buchhandlung Deutschlands,
Österreichs, der Schweiz und der Benelux-Staaten. Bitte infor-
mieren Sie Ihren Buchhändler über folgende Bezugsadressen:

Deutschland	Prolit GmbH, Postfach 9, 35461 Fernwald (Annerod) sowie alle Barsortimente
Schweiz	AVA-buch 2000, Postfach 27, CH-8910 Affoltern
Österreich	Mohr Morawa Buchvertrieb GmbH, Sulzengasse 2, A-1230 Wien
Belgien & Niederlande	Willems Adventure, www.willemsadventure.nl
direkt	Wer im Buchhandel kein Glück hat, bekommt unsere Bücher zuzüglich Porto- und Verpackungskosten auch direkt über unseren Internet-Shop: *www.reise-know-how.de*

Zu diesem Buch ist ein **AusspracheTrainer** als **MP3-Download**
unter **www.reise-know-how.de** oder als **Audio-CD** in jeder
Buchhandlung Deutschlands, Österreichs, der Schweiz und der
Benelux-Staaten erhältlich.

Der Verlag möchte die **Reihe Kauderwelsch** weiter ausbauen
und **sucht Autoren!** Mehr Informationen finden Sie unter
http:/www.reise-know-how.de/verlag/mitarbeit

Kauderwelsch

Elke Becker

Russisch

Wort für Wort

Zu diesem Buch
ist ein AusspracheTrainer
als Download erhältlich:
www.reise-know-how.de

Auch auf Audio-CD:
ISBN 978-3-8317-6007-7

Das gesamte Buch
inkl. AusspracheTrainer
gibt es auch als CD-ROM:
ISBN 978-3-8317-6036-7

REISE KNOW-HOW
im Internet
www.reise-know-how.de
info@reise-know-how.de

*Aktuelle Reisetipps
und Neuigkeiten, Er-
gänzungen nach
Redaktionsschluss,
Büchershop und
Sonderangebote
rund ums Reisen*

Kauderwelsch-Sprachführer sind anders!

Warum? Weil sie Sie in die Lage versetzen, wirklich zu sprechen und die Leute zu verstehen.

Wie wird das gemacht? Abgesehen von dem, was jedes Sprachbuch bietet, nämlich Vokabeln, Beispielsätze usw., zeichnen sich die Bände der Kauderwelsch-Reihe durch folgende Besonderheiten aus:

Die **Grammatik** wird in einfacher Sprache so weit erklärt, dass es möglich wird, ohne viel Paukerei mit dem Sprechen zu beginnen, wenn auch nicht gerade druckreif.

Alle Beispielsätze werden doppelt ins Deutsche übertragen: zum einen **Wort-für-Wort**, zum anderen in „ordentliches" Hochdeutsch. So wird das fremde Sprachsystem sehr gut durchschaubar. Denn in einer fremden Sprache unterscheiden sich z. B. Satzbau und Ausdrucksweise recht stark vom Deutschen. Ohne diese Übersetzungsart ist es so gut wie unmöglich, schnell einzelne Wörter in einem Satz auszutauschen.

Die **Autorinnen** und **Autoren** der Reihe sind Globetrotter, die die Sprache im Land selbst gelernt haben. Sie wissen daher genau, wie und was die Leute auf der Straße sprechen. Deren Ausdrucksweise ist nämlich häufig viel einfacher und direkter als z. B. die Sprache der Literatur oder des Fernsehens.

Besonders wichtig sind im Reiseland **Körpersprache**, **Gesten**, **Zeichen** und **Verhaltensregeln**, ohne die auch Sprachkundige kaum mit Menschen in guten Kontakt kommen. In allen Bänden der Kauderwelsch-Reihe wird darum besonders auf diese Art der nonverbalen Kommunikation eingegangen.

Kauderwelsch-Sprachführer sind keine Lehrbücher, aber viel mehr traditionelle Sprachführer! Wenn Sie ein wenig Zeit investieren und einige Vokabeln lernen, werden Sie mit ihrer Hilfe in kürzester Zeit Informationen bekommen und Erfahrungen machen, die „sprachlosen" Reisenden verborgen bleiben.

Inhalt

9 Vorwort
10 Hinweise zur Benutzung
13 Land & Leute
14 Karte des Sprachgebietes
15 Die russische Sprache
16 Die russisch-kyrillische Schrift
17 Lautschrift & Aussprache
26 Wörter, die weiterhelfen

Grammatik

30 Hauptwörter
33 Dieses & Jenes
34 Eigenschaftswörter
38 Steigern & Vergleichen
41 Umstandswörter
43 Fürwörter
44 Tätigkeitswörter
48 Vergangenheit
50 Zukunft
51 Modalverben: können, wollen, müssen
57 Sein & Haben
60 Verben der Richtung und Bewegung
62 Rückbezügliche Verben
65 Unregelmäßige Verben
66 Satzstellung
67 Auffordern & Befehlen
69 Bindewörter
70 Die sechs Fälle
79 Verneinung
82 Verhältniswörter

85 Fragen
90 Zahlen & Zählen
94 Zeit & Datum
101 Maßeinheiten & Mengenangaben

Konversation

103 Kurz-Knigge
104 Namen & Anrede
107 Floskeln & Redewendungen
118 Das erstes Gespräch
123 Zu Gast sein
126 Liebesgeflüster
127 Schimpfen & Fluchen
128 Toilette
129 Unterwegs
145 Unterkunft
148 Im Restaurant
153 Einkaufen
157 Bank, Geld & Post
159 Telefonieren & Internet
161 Behörden
164 Fotografieren
165 Rauchen
166 Krank sein

Anhang

171 Wörterliste Deutsch–Russisch
181 Wörterliste Russisch–Deutsch
192 Die Autorin

Denis Babenko@fotolia.com

Kreml-Mauer an der Moskwa

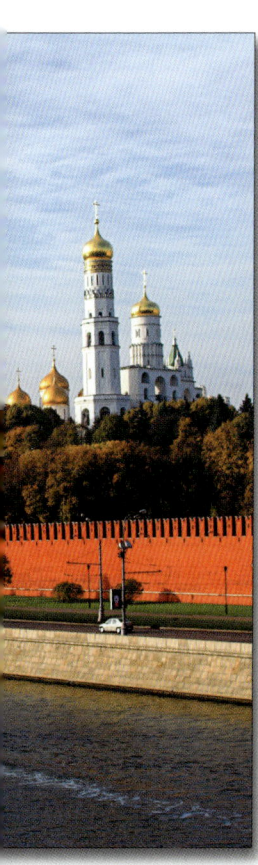

Wohin man auch immer reisen mag: Land und Leute kann man nur dann wirklich erleben, wenn man auch ihre Sprache spricht. Das braucht keineswegs auf akademisch perfekte Art und Weise zu geschehen. Wichtig ist, dass man sich zumindest mit ein paar Brocken verständlich machen kann. Und wenn dies dann die Anregung zu einer intensiveren Beschäftigung mit einer fremden Sprache ist – um so besser! Nur so öffnen sich Türen, die jedem „stummen" Touristen verschlossen scheinen.

Schon wenige Sätze in russischer Sprache genügen, um sich mit sicherem Gefühl auch einmal ohne Reiseleiter oder Dolmetscher zu bewegen, und vor allem um die Herzen der Menschen im Sturm zu erobern. Die russischen Menschen sind nicht nur sehr gastfreundlich, sondern auch sehr stolz auf ihre Heimat und ihre Sprache und empfinden deshalb die Bemühungen eines Reisenden, vor allem aus dem westlichen Ausland, als besondere Wertschätzung ihnen gegenüber.

Wer sich entschieden hat, Russland ganz auf eigene Faust zu bereisen, der wird ohne Grundkenntnisse der russischen Sprache nicht auskommen.

Der vorliegende Kauderwelschband „Russisch" vermittelt rasch Grundkenntnisse dieser Sprache in den verschiedensten (touristischen) Alltagssituationen. Dies geschieht mit Hilfe einer unkomplizierten Lautschrift, die leicht lesbar ist und keine Vorkenntnisse erfordert. Die Grammatikübersicht versetzt den Leser in die Lage, Grundstrukturen zu erkennen und somit eine Vielzahl von Sätzen selbst zusammenzustellen. Tipps und Ratschläge zu Alltagssituationen ergänzen die einzelnen Kapitel.

Und nun viel Vergnügen beim Lernen und Reisen, wenn es heißt: Добро пожаловать! Dabró pashálawat'! – Herzlich willkommen!

Hinweise zur Benutzung

Der Kauderwelsch-Band „Russisch" ist in drei wichtige Abschnitte gegliedert: Grammatik, Konversation und Wörterlisten.

Die **Grammatik** beschränkt sich auf das Wesentliche und ist so einfach gehalten wie möglich. Deshalb sind auch nicht sämtliche Ausnahmen und Unregelmäßigkeiten der Sprache erklärt. Natürlich kann man die Grammatik auch überspringen und sofort mit dem Konversationsteil beginnen. Wenn dann Fragen auftauchen, kann man immer noch in der Grammatik nachsehen.

In der **Konversation** finden Sie Sätze aus dem Alltagsgespräch, die Ihnen einen ersten

Eindruck davon vermitteln sollen, wie die russische Sprache „funktioniert" und die Sie auf das vorbereiten sollen, was Sie später in Russland hören werden. Sie können die Beispielsätze als einen Fundus von Satzschablonen und -mustern benutzen, die Sie selbst Ihren Bedürfnissen anpassen.

Das **Wörterbuch** im zweiten Teil diese Bandes helfen Ihnen dabei. Sie enthalten einen umfangreichen Wortschatz von je ca. 5.000 Wörtern Russisch–Deutsch und Deutsch–Russisch. Ein separates Wörterbuch ist daher nicht notwendig.

Jede Sprache hat ein typisches Satzbaumuster. Um die sich vom Deutschen unterscheidende Wortfolge russischer Sätze zu verstehen und so bald eigene Sätze bilden zu können, ist die **Wort-für-Wort-Übersetzung** gedacht. Jedem russischen Wort entspricht ein Wort in der Wort-für-Wort-Übersetzung.

Wird ein russisches Wort im Deutschen durch zwei Wörter übersetzt, werden diese in der Wort-für-Wort-Übersetzung mit einem Bindestrich verbunden.

Я встречаюсь
Já fßtritsch'ájuß'
ich (ich-)treffe-sich
ich treffe mich

Werden Wörter angegeben, die man untereinander austauschen kann, steht ein Schrägstrich zwischen diesen.

Я - немец / немка / австриец
Já n'ém'iz / n'émka / afßtr'íjiz.
ich Deutscher / Deutsche / Österreicher
Ich bin Deutscher / Deutsche / Österreicher.

IIn der russischen Sprache muss man zwischen der männlichen oder weiblichen Form der Wörter wählen. Je nach dem, ob ein Man oder eine Frau spicht, ändern sich die Wortendungen. Im russischen Satz und in der Wort-für-Wort-Übersetzung werden beide Formen wie folgt angegeben:

Я писал / писала тебе
Já p'ißál / p'ißála t'ib'é.
ich schrieb(m/w) dir
Ich habe dir geschrieben.

Я рад / рада
Já rát / ráda.
ich froh(m/w)
Ich bin froh.

Ты согласен/согласна
Tý ßagláß'in / ßaglášna?
du einverstanden(m/w)
Bist du einverstanden?

Dies gilt allerdings nicht für die Vergangenheitsformen der Verben, da hier die Wortform selbst keine Information über die grammatische Person des Satzgegenstands enthält (sondern nur über dessen grammatische Zahl).

Bei den Verben wird in der Wort-für-Wort-Übersetzung das Personalpronomen zusätzlich in Klammern angegeben, wenn es im Russischen reduziert wird.

Пойдёмте купаться!
Pajd'ómt'i kupátza!
(wir-)gehen! baden
Gehen wir / Lasst uns baden!

Im Russischen gibt es Fälle für die Flektion der Haupt-, Eigenschafts- und Fürwörter. Um welchen Fall es sich handelt, kann man an der kleinen hochgestellten Zahl ablesen.

С удовольствием!
ß-udawól'ßtw'ijim!
mit-Vergnügen[5]
Mit Vergnügen! / Sehr gern!
Mit Vergnügen! / Sehr gern!

Land & Leute

Wer spricht heute wo in der ehemaligen Sowjetunion noch Russisch?

Zur 1991 gegründeten GUS (Gemeinschafr unabhängiger Staaten) gehören auch heute noch alle ehemaligen Sowjetrepubliken außer den drei baltischen Republiken (Litauen, Lettland, Estland) und Georgien. Die Länder der GUS zählen 268 Mio. Einwohner; davon sind 143 Mio. Einwohner Russlands. Von diesen sind 125 Mio. Russen und sprechen Russisch. Die restlichen rund 23 Mio. Menschen gehören über 100 verschiedenen kleinen Völkern und Sprachgruppen an, sprechen aber auch Russisch. Weitere 25 Mio. Russen wohnen noch in den 14 ehemaligen Sowjetrepubliken. Die GUS hat mit den Jahren an Bedeutung verloren.

Da Russisch die Amtssprache in allen ehemaligen Sowjetrepubliken war, beherrscht jeder Erwachsene dort noch die russische Sprache. Sie war unumgänglich in Schule, Beruf oder auf Ämtern – kurz im gesamten öffentlichen

Hören Sie sich Ausprachebeispiele mit Ihrem Smartphone an! Ausgewählte Kapitel im Konversationsteil sind dafür mit einem QR-Code ausgestattet. Wer kein Smartphone hat, kann sich die Sätze auch auf unserer Webseite anhören: www.reise-know-how.de/kauderwelsch/007

Leben. Wenn sich angesichts der politischen Veränderungen die Bewohner dieser jungen Republiken nun auf ihre eigene Sprache als Staatssprache besinnen, so kann die russische Sprache doch eine gute Verständigungsbrücke zwischen Ausländern und Einheimischen bilden, denn überall auf der ganzen Welt freuen sich Menschen kleinerer Sprachgruppen, wenn man ein Gespräch wie folgt anfängt: „Wie heißt ‚*danke*' in Ihrer Sprache?"

Die Karte zeigt die Gegenden, in denen vorwiegend Russisch gesprochen wird. Verstanden wird Russisch aber auch in den übrigen, hell eingezeichneten Gebieten der ehemaligen Sowjetunion.

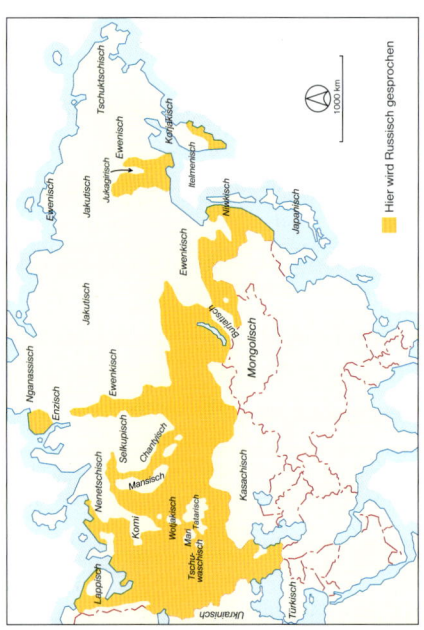

Die russische Sprache

Man kann im Russischen die Aussprache erfreulicherweise ziemlich verlässlich von der Schreibweise in der kyrillischen Schrift ablesen, auch wenn dies auf den ersten Blick ganz anders zu sein scheint. Allerdings muss man dazu zwei grundsätzliche Prinzipien des russischen Lautsystems kennen, die ganz anders sind als in der deutschen Sprache. Diese Grundregeln werden in den folgenden Abschnitten näher erläutert.

Die Unterschiede zwischen den Dialekten sind im Russischen viel geringer als im Deutschen. Man unterscheidet eine nord-, mittel- und südrussische Dialektgruppe. Das wichtigste Merkmal der beiden erstgenannten Dialektgruppen ist die Aussprache des unbetonten o als unverändertes, volles o im Norden, aber als abgeschwächtes, mehr oder weniger gemurmeltes a in der Mitte des Landes. Da Moskau zur mittelrussischen Dialektzone gehört, ist diese etwas kompliziertere Aussprachenorm leider auch in die russische Standardsprache eingegangen und muss nun von Ihnen beim Lernen berücksichtigt werden. Die südrussischen Dialekte bilden übrigens eine Übergangszone zum Ukrainischen.

Insgesamt gehört das Russische gemeinsam mit dem Ukrainischen und dem Weißrussi-

Kauderwelsch-AusspracheTrainer

Falls Sie sich die wichtigsten russischen Sätze, die in diesem Buch vorkommen, einmal von einem Russen gesprochen anhören möchten, brauchen Sie den AusspracheTrainer zu diesem Buch. Sie bekommen ihn als MP3-Download über unseren Internetshop www.reise-know-how.de oder auf Audio-CD in Ihrer Buchhandlung. Alle Sätze, die Sie auf dem Kauderwelsch-AusspracheTrainer hören können, sind in diesem Buch mit einem Ohr (👂) gekennzeichnet.

schen zur ostslawischen Untergruppe der slawischen Sprachen. Diese Sprachfamilie ist durchaus, wenn auch entfernt, mit dem Deutschen verwandt und somit gar nicht so exotisch, wie man manchmal glaubt.

Das russisch-kyrillische Schrift

Die kyrillische Schrift löste im 10. Jh. eine ältere, die so genannte glagolitische Schrift ab. Die damals neue Schrift wurde nach dem Slawenapostel Kyrill benannt. Er lebte im 9. Jh., hatte damals jedoch nicht die kyrillische, sondern die glagolitische Schrift geschaffen.

Die kyrillische Schrift ist eng mit der christlich-orthodoxen Kultur verbunden und wird nicht nur von den Russen, sondern auch von den Ukrainern, Weißrussen, Bulgaren, Serben und Makedoniern verwendet. Die Aussprache weicht dabei von Sprache zu Sprache aber ein wenig ab. Außerdem gibt es sprachspezifische Sonderzeichen.

In Russland wurde die Schrift erst unter Zar Peter dem Großen und dann noch einmal nach der Oktoberrevolution 1917 vereinfacht. Von den nicht-slawischen Sprachen der ehemaligen Sowjetunion werden heute noch Kasachisch und Kirgisisch mit kyrillischen Buchstaben geschrieben, dazu außerdem das Mongolische sowie zahreiche Minderheitensprachen in der Russischen Föderation.

Zahlen

Um Ihnen den Umgang mit Zahlen zu erleichtern, wird auf jeder Seite die Seitenzahl auch auf Russisch (in kyrillischer Schrift und Lautschrift) angegeben. Im Wörterbuch erfolgt diese Angabe nicht.

А, а	a	К, к	ka	Х, х	cha
Б, б	be	Л, л	el	Ц, ц	ze
В, в	we	М, м	em	Ч, ч	tsch'e
Г, г	ge	Н, н	en	Ш, ш	scha
Д, д	de	О, о	o	Щ, щ	schsch'
Е, е	je	П, п	pe	Ъ, ъ	tw'órdyj znak
Ё, ё	jo	Р, р	er	Ы, ы	y
Ж, ж	she	С, с	es	Ь, ь	m'áchk'ij znak
З, з	se	Т, т	te	Э, э	e (ä)
И, и	i	У, у	u	Ю, ю	ju
Й, й	i krátkoji	Ф, ф	ef	Я, я	ja

Der Name des Buchstabens ь lautet übersetzt „weiches Zeichen", der des ъ „hartes Zeichen". Beide beeinflussen die Aussprache des jeweils vorangehenden Mitlauts. Näheres erfahren Sie im Abschnitt „Harte & weiche Mitlaute".

Lautschrift & Aussprache

Die in diesem Buch verwendete Lautschrift orientiert sich am Deutschen, sofern dies möglich und sinnvoll ist. Sie kann daher auch von Anfängern ohne viel Lernaufwand gelesen werden, aber zielt dennoch auf eine möglichst präzise Wiedergabe der russischen Aussprache ab. Man muss jedoch wissen, dass es einige russische Laute im Deutschen nicht gibt, wie etwa den behelfsmäßig als y wiedergegebenen Buchstaben ы. Außerdem gibt es bei den Mit- und den Selbstlauten jeweils ein grundsätzliches Aussprachephänomen, die man beide kennen sollte, um die tatsächliche Aussprache korrekt aus der Lautschrift (und erst recht aus der kyrillischen Schrift) ablesen zu können.

Mitlaute (Konsonanten)

Allen Schreckensmeldungen über die slawischen Zischlaute zum Trotz ist das System der russischen Mitlaute recht einfach zu bewältigen. Man sollte aber den prinzipiellen Unterschied zwischen harten und weichen Mitlauten kennen.

harte & weiche Mitlaute

Die meisten russischen Mitlaute kommen gewissermaßen in doppelter Ausführung vor, nämlich in einer harten und einer weichen Variante. Die harten Konsonanten werden etwa so wie im Deutschen ausgesprochen und in der Lautschrift nicht besonders gekennzeichnet. Die weichen Mitlaute haben dagegen stets den Nachklang eines „j". In unserer Lautschrift werden sie einheitlich und in jeder Wortposition mit dem Apostroph ' wiedergegeben. So schreiben wir das Wort нет „nein" in unserer Lautschrift als n'et, denn es beginnt mit dem weichen Mitlaut n'. In anderen Umschriften findet man es auch als „njet" geschrieben. Dies kommt zwar der tatsächlichen Aussprache auch einigermaßen nahe, aber es liegt im Russischen hier eben kein separater Laut „j" vor, sondern der n-Laut selbst wird etwas weiter hinten am Gaumen gebildet, nämlich an der Stelle, wo man sonst das „j" erzeugt.

Vergleichbar ist im Deutschen die Aussprache des Namens „Antje".

Leider werden die weichen Konsonanten in

der kyrillischen Schrift nur auf indirekte Weise dargestellt. Am Wort- bzw. Silbenende verwendet man das „weiche Zeichen" ь, um das unmittelbar vorangehende Konsonantzeichen als weichen Mitlaut zu kennzeichnen. Dementsprechend schreibt man мать für mát' „Mutter", das ein weiches t' am Wortende hat.

Bei weichen Mitlauten, auf die im Wort ein Selbstlaut folgt, wird die weiche Aussprache aber nicht durch ein Sonderzeichen angezeigt. Dies liegt daran, dass nach weichen Konsonanten nur bestimmte Vokalbuchstaben, und nach harten Konsonanten nur bestimmte andere Vokalbuchstaben stehen können. Vokalzeichen, die zu harten Konsonanten passen, sind die dunklen Selbstlaute а a, о o, у u, ы y. Zu weichen Konsonanten passen hingegen die hellen Vokalzeichen e e und и i. Daher kann man also beim Wort нет „nein" die Aussprache als n'ét direkt an der Buchstabenkombination н + e erkennen: Erst das nachfolgende e macht deutlich, dass hinter dem н ein weiches n' steckt.

Nun können aber die dunklen Selbstlaute a, o, u durchaus auch mit weichen Mitlauten kombiniert werden. Dazu benötigt man aber die statt der normalen die „weichen" Vokalbuchstaben я (für a), ё (für o) und ю (für u). So wird пять „fünf" als p'át' wiedergegeben (п + я = p' + a). Am Wort- bzw. Silbenanfang stehen die „weichen" Vokalbuchstaben hingegen für ein echtes j (plus den entsprechenden Vokal). So liest man also я „ich" als já, und юбилей

In manchen Wörtern steht das „weiche Zeichen" aber nicht für eine weiche Aussprache des Endkonsonanten, sondern zeigt nur bestimmte grammatische Endungen an. In unserer Lautschrift steht in solchen Fällen kein '.

Die Aussprache von weichen Konsonanten vor i unterscheidet sich für das deutsche Ohr nicht sonderlich von unserer Aussprache eines beliebigen Konsonanten vor i. Aus deutscher Sicht könnte man sich in der Lautschrift also den Apostroph bei solchen Kombinationen sparen. Aufgrund der russischen Lautsystematik schreiben wir ihn aber trotzdem: вино „Wein" w'inó.

„Jubiläum" als jub'il'éj. Und so erklärt sich auch die (ziemlich seltene) Verwendung des „harten Zeichens" ъ: Man benötigt es in der russischen Schrift immer dann, wenn auf einen harten Konsonanten ein j folgt, der Konsonant durch diese Lautkombination also nicht erweicht wird: объяснить „erklären" abjaßn'ít' (und eben nicht -b'a-).

In der folgenden Konsonantentabelle wird nicht zwischen harten und weichen Mitlauten unterschieden. Man muss sich also zu den einzelnen harten Konsonanten das entsprechende weiche Gegenstück (mit ') , sofern vorhanden, hinzudenken.

б	b	бабушка bábuschka „Oma"
в	w	вода wadá „Wasser"
г	g	гора gará „Berg"
	w	in der Genitiv-Endung -ого / -его und in diese enthaltendenWörtern wie w: сегодня ß'iwódn'a „heute"
д	d	да dá „ja"
ж	sh	stimmhaftes Gegenstück zu „sch" wie das zweite „g" in „Garage": жаба shába „Kröte" Dieser Laut ist immer hart!
з	s	stets stimmhaftes „s" wie in „**S**onne" (norddeutsche Ausspr.): коза kasá „Ziege"
й	j	nur am Wort- bzw. Silbenende (wird am Wort- bzw. Silbenanfang durch die „weichen" Vokalzeichen

		ersetzt): май **máj** „Mai"
к	**k**	колено **kal'éna** „Knie"
л	**l**	als harter Mitlaut ein „dickes", weiter hinten gesprochenes „l", wie in engl. „we**ll**" oder wie in „Kö**l**sch" (Kölner Ausspr.), als weicher Mitlaut wie in „Li**l**ie": лебедь **l'éb'it'** „Schwan"
м	**m**	много **mnóga** „viel"
н	**n**	нога **nagá** „Fuß, Bein"
п	**p**	пить **p'ít'** „trinken"
р	**r**	работа **rabóta** „Arbeit"
с	**ß**	stets stimmlos wie in „Wa**ss**er": сон **ßón** „Schlaf, Traum"
т	**t**	тетрадь **t'itrát'** „Heft"
ф	**f**	фильм **f'íl'm** „Film"
х	**ch**	als harter Mitlaut wie in „a**ch**": хлеб **chl'ép** „Brot"; als weicher wie in „i**ch**": химия **ch'ím'ija** „Chemie"
ц	**z**	wie in „Ka**tz**e": цирк **zyrk** „Zirkus" Dieser Laut ist immer hart!
ч	**tsch'**	weicher als in „**Tsch**eche": час **tsch'áß** „Stunde" Dieser Laut ist immer weich!
ш	**sch**	шея **schéja** „Hals" Dieser Laut ist immer hart!
щ	**schsch'**	weicher als stimmloses „sch" und deutlich gelängt gesprochen: ещё **jischsch'ó** „noch" Dieser Laut ist immer weich!

Da ч *sowieso immer weich ist, schreibt man an dieser Stelle* а *und nicht das erweichende "* я*.*

Ansonsten werden noch doppelt geschriebene Konsonanten oft deutlich gelängt gesprochen: Россия **Raßß'íja** *„Russland"*

Stimmhafte Mitlaute werden wie im Deutschen am Wortende stimmlos gesprochen:

город górat „Stadt". Tritt aber an ein solches Wort eine vokalische grammatische Endung an, so tritt der ursprüngliche stimmhafte Mitlaut wieder in Erscheinung: города garadá „Städte".

Benachbarte Mitlaute passen sich oft in der Stimmhaftig- bzw. -losigkeit aneinander an. Daher schreiben wir auch für водка lautgemäß wótka „Wodka" (d wird zu stimmlosem t aufgrund des ebenfalls stimmlosen k). Verhältniswörter bilden oft mit ihrem Bezugswort eine lautliche Einheit und zeigen daher stimmhafte und stimmlose Anpassungsvarianten. Wir kennzeichnen solche lautliche Einheiten in der Lautschrift mit einem Bindestrich: в Москве w-Maßkw'é „in Moskau", aber в Самаре f-ßamár'e „in Samara".

Selbstlaute (Vokale)

Das Russische hat sechs Vokallaute (a, e, i, o, u, y), die aber mit zehn verschiedenen Buchstaben geschrieben werden. Der Grund für dieses Missverhältnis ist, dass die Buchstaben я (ja), e (je), ё (jo), ю (ju) nur Varianten der entsprechenden Grundselbstlaute darstellen, die entweder im Wortinneren nach weichen Mitlauten stehen oder am Wort- bzw. Silbenanfang die Kombination von j mit dem jeweiligen Vokal ausdrücken. So schreibt man есть jéßt' „es gibt" mit dem j-haltigen Buchstaben e, aber das mit bloßem e anlautende это éta „dies" mit dessen „hartem" Gegenstück э.

Auch и i und ы y bilden im Prinzip ein solches Paar, denn i steht nur nach weichem Mitlaut oder am Wortanfang (dann aber ohne vorhergehendes j), und y nur nach hartem Mitlaut (und nie am Anfang). Allerdings unterscheiden sich die beiden deutlich in der Aussprache, was bei den anderen Paaren nicht der Fall ist.

reduzierte Selbstlaute

Im Russischen werden nur die betonten Vokale deutlich und mit ihrem vollen Lautwert ausgesprochen. Dies gilt natürlich auch für den einzigen Vokal in einsilbigen Wörtern. Die unbetonten Vokale hingegen werden abgeschwächt ausgesprochen, d. h. kürzer und mit mehr oder weniger von ihrem eigentlichen Lautwert abweichender, eher undeutlich „gemurmelt" wirkender Klangfarbe. Ein vergleichbarer Fall im Deutschen ist etwa das Endungs-e in „Liebe", das auch nur noch eine reduzierte Variante eines echten „e" darstellt. In russischen Wörtern hat immer nur eine einzige Silbe die volle, nicht-reduzierte Aussprache, während alle anderen reduziert sind. In einigen Fällen klingen diese dann für uns wie ganz andere Vokale: Ein reduziertes „o" klingt dann eher wie ein a, und ein reduziertes „e" eher wie ein i. In unserer Lautschrift halten wir uns an die tatsächliche Aussprache, auch wenn dies in diesem Fall

Bei einigen Buchstaben ist der Unterschied in der Klangfarbe zum Glück minimal, bei anderen aber recht deutlich.

Beispiele:
обед ab'ét
„Mittagessen",
перевести p'ir'iw'ißt'í
„übersetzen"

nur Näherungswerte sein können. Wir haben nämlich in unserer Schrift gar nicht so viele Buchstaben zur Verfügung, um alle diese Abstufungen der Klangfarbe wiedergeben zu können. Auch schwankt die Aussprache von reduzierten Silben manchmal etwas. In der Lautschrift schreiben wir volle, betonte Vokale immer mit Akzentzeichen (á, ý usw.), und alle reduzierten, unbetonten ohne Akzent. Auch der einzige Vokal in einsilbigen Wörtern trägt somit in der Lautschrift den Akzent.

Wir schreiben beide Varianten des reduzierten "a" trotz der Unterschiede als a. *Russen sprechen sie auch gleich aus, wenn sie langsam und deutlich sprechen wollen.*

а, я	á, a	unbetont am Wortanfang und in der Silbe direkt vor dem Akzent wie leicht abgeschwächtes "a", in anderen Silben und bes. am Wortende fast wie "e" in "Lieb**e**": трава trawá „Gras", дорога daróga (genauer: daróg^e) „Landstraße"
	i	unbetont nach weichem Mitlaut (außer am Wortende) halbwegs zwischen „i" und „e": счастливый schsch'ißl'íwyj „glücklich", язык jisýk „Sprache, Zunge"
е, э	é, i	betont vor hartem Mitlaut offenes „e" wie in „B**e**tt" (bzw. ähnlich „ä"), vor weichem Mitlaut geschlossenes „e" wie in „B**ee**t" (aber kürzer): этот état (genauer: ätat) „dieser", эти ét'i (genauer: eet'i) „diese *(Mz)*", unbetont zwischen „i" und „e": через tsch'ér'iß „durch"

In manchen Russischbüchern wird э mit dem deutschen offenen „ä" gleichgesetzt. Wie Sie aber hier sehen, ist das so nicht der Fall. Nur der Buchstabenname klingt klar nach ä. *Ansonsten ist die*

	y	unbetont nach sch, sh, z: жена shyná „Ehefrau"
и	í, i	писать p'ißát' „schreiben"
	ý, y	betont und unbetont nach sch, sh, z: шить schýt' „nähen"
o	ó, a	unbetont genau wie unbetontes a: плохой plachój „schlecht", место m'éßta (genauer: m'éßtᵉ) „Ort"
ё	(j)ó	„weiche" Variante von o, kommt nur betont vor: тётя t'ót'a „Tante"
у, ю	ú, u	бумага bumága „Papier"
ы	ý, y	diesen Vokal gibt es im Deutschen nicht; er wird mit der Zungenstellung wie beim „u" (also weit hinten im Mundraum), aber ohne dessen Lippenrundung gebildet und klingt wie eine eher dumpfe Mischung aus „u" und „i" (also keinesfalls wie „ü"!): мышь mýsch „Maus", красивый kraß'íwyj „schön"

Verteilung der Aussprachevarianten genau wie beim e.

Betonung

Die Betonung russischer Wörter ist frei, d. h. der Akzent kann auf alle Silben des Wortes fallen. Zugleich kann die betonte Silbe bei der Beugung eines Wortes wechseln. Oftmals ist bei gebeugten Wörtern – anders als im Deutschen – auch die grammatische Endung betont. Dazu kommt dann noch die reduzierte

Aussprache unbetonter Selbstlaute (in solchen Fällen also im Wortstamm). Beides zusammen kann dazu führen, dass die gebeugte Form deutlich anders klingt als die entsprechende Grundform: озеро ós'ira „der See", озёр as'ór „der Seen" *(2. Fall, Mz.)*.

Achten Sie bitte sorgfältig auf die korrekte Betonungsstelle, denn Fehler können hier den Sinn eines Wortes komplett entstellen: мука bedeutet mit der Betonung múka „Qual", aber mit der Betonung muká „Mehl"!

Wörter, die weiterhelfen

Auf einen Blick das Vokabular, das Sie gleich nach der Ankunft gebrauchen können:

да – нет	**dá – n'ét**	ja – nein
спасибо – пожалуйста	**ßpaßíba – pashálßta**	danke – bitte
Добрый день	**Dóbryj d'én'!**	Guten Tag!
До свидания	**Da-ßwidánija!**	Auf Wiedersehen!

Nahezu jede Frage lässt sich mit einer der folgenden Einleitungen höflich beginnen:

Извините, пожалуйста, ...
Isw'inít'i, pashálßta, ...
Entschuldigen Sie bitte ...

Простите, пожалуйста, ...
Praßt'ít'i, pasháltßta, ...
Verzeihen Sie bitte ...

Скажите, пожалуйста, ...
ßkashýt'i, pasháltßta, ...
Sagen Sie bitte ...

Покажите, пожалуйста, ...
Pakashýt'i, pasháltßta, ...
Zeigen Sie bitte ...

Дайте, пожалуйста, ...
Dájt'i, pasháltßta, ...
Geben Sie bitte ...

In sämtliche folgende Satzkonstruktionen kann man alle (sinnvollen) Wörter aus der Wörterliste unverändert einsetzen.

Есть...	**Jéßt'...?**	*Gibt es ...?*

Есть свободная комната?
Jéßt' ßwabódnaja kómnata?
es-gibt freies Zimmer
Gibt es ein freies Zimmer?

Пиво есть?
Píwa jéßt'?
Bier es-gibt
Gibt es Bier?

кофе	**kóf'i**	Kaffee	рынок	**rýnak**	Markt
чай	**tsch'áj**	Tee	врач	**wrátsch'**	Arzt

Да, это есть.
Dá, éta jéßt'.
ja dieses es-gibt
Ja, das gibt es.

Нет, этого нет.
N'ét, étawa n'ét.
nein dieses[2] es-gibt-nicht
Nein, das gibt es nicht.

У вас есть ?	**U-wáß jéßt' ...?**	*Haben Sie ...?*

У вас есть билеты?
U-wáß jéßt' b'il'éty?
bei euch[2] es-gibt Fahrkarten
Haben Sie Fahrkarten?

У вас есть план города?
U-wáß jéßt' plán górada?
bei euch² es-gibt Plan Stadt²
Haben Sie einen Stadtplan?

Да, это у нас есть.
Dá, éta u-náß jéßt'.
ja dieses bei uns² es-gibt
Ja, das haben wir.

Нет, этого у нас нет.
N'ét, étawa u-náß n'ét.
nein dieses² bei uns² gibt-nicht
Nein, haben wir nicht.

Где...?	Gd'é ...?	Wo ist / gibt es ...?

Где гостиница?
Gd'é gaßt'ín'iza?
wo Hotel
Wo ist ein Hotel?

Где такси?
Gd'é takß'í?
wo Taxi
Wo gibt es ein Taxi?

Где находится...?	Gd'é nachód'itza ...?	Wo befindet sich ...?

Где находится музей?
Gd'é nachód'itza mus'éj?
wo (es-)befindet-sich Museum
Wo befindet sich das Museum?

Где находится больница?
Gd'é nachód'itza baln'íza?
wo (es-)befindet-sich Krankenhaus
Wo ist das Krankenhaus?

аптека	**apt'éka**	Apotheke
банк	**bánk**	Bank;
аэропорт	**aerapórt**	Flughafen
вокзал	**wagsál**	Bahnhof

посольство	**paßól'ßtwa**	Botschaft
консульство	**kónßul'ßtwa**	Konsulat
полиция	**pal'ízyja**	Polizei
почта	**pótsch'ta**	Post
телефон	**t'il'ifón**	Telefon
ресторан	**r'istarán**	Restaurant
туалет	**tual'ét**	Toilette
мастерская	**maßt'irßkája**	Werkstatt

Damit Sie nicht auf Gesten angewiesen sind, hier noch ein paar Orientierungshilfen:

здесь / вот; там	**sd'éß / wót; tám**	hier / hier ist ...; dort
справа; слева	**ßpráwa; ßl'éwa**	rechts; links
направо; налево	**napráwa; nal'éwa**	nach rechts; nach links
прямо; назад	**pr'áma; nazát**	geradeaus; zurück
далеко; близко	**dal'ikó; bl'íßka**	weit; nah
перекрёсток	**p'ir'ikr'óßtak**	Kreuzung
светофор	**ßw'itafór**	Ampel
за городом	**sá-garadam**	außerhalb der Stadt
в центре	**f-zéntr'i**	im Zentrum

Сколько стоит...? ßkól'ka ßtóit ...? *Wie viel kostet ...?*

Сколько стоит комната?
ßkól'ka ßtóit kómnata?
wie-viel (es-)kostet Zimmer
Wie viel kostet ein Zimmer?

Сколько стоит билет?
ßkól'ka ßtóit b'il'ét?
wie-viel (sie-)kostet Fahrkarte
Wie viel kostet die / eine Fahrkarte?

Сколько это стоит?		Это стоит ...
ßkól'ka éta ßtóit?		**Éta ßtóit ...**
wie-viel dieses (es-)kostet		*dieses (es-)kostet*
Wie viel kostet das?		Das kostet ...

Hauptwörter

Hier sind die kyrillisch-schriftlichen Endungen relevanter als die in der Lautschrift! Bei einem reduziertem Selbstlaut wie in место m'éßta *bleibt das grammatische Geschlecht trotzdem sächlich.*

Im Russischen gibt es männliche, weibliche und sachliche Hauptwörter. Das grammatische Geschlecht des Wortes kann man an seiner Endung (v. a. in der russischen Schrift) erkennen. Endet ein Wort auf einen Konsonanten, wie интернет intirnét (Internet), dann ist es männlich. Steht am Wortende ein -a, wie in гостиница gaßt'ín'iza (Hotel), dann ist es weiblich; -o und -e am Ende markieren sachliche Substantive, wie in окно aknó (Fenster), море mór'i (Meer).

театр	**t'iátr**	*Theater*
трамвай	**tramwáj**	*Straßenbahn*
комната	**kómnata**	*Zimmer*
неделя	**n'id'él'a**	*Woche*
место	**m'éßta**	*Platz*
море	**mór'i**	*Meer*

In allen anderen Fällen wird das grammatikalische Geschlecht in Klammern dazugeschrieben. Es betrifft hauptsächlich Substantive, die auf ein Weichheitszeichen ( ) enden.

рубль	**rúbl'**	Rubel *(m)*
карандаш	**karandásch**	Bleistift *(m)*
тетрадь	**t'itrát'**	Heft *(w)*
рожь	**rósch**	Roggen *(w)*

Einige männliche Hauptwörter enden mit einem -a aus. In diesen Fällen wird das Geschlecht dazugeschrieben.

папа	**pápa**	Papa *(m)*
мужчина	**muschsch'ína**	Mann *(m)*
юноша	**júnascha**	Junge *(m)*

Mehrzahl

Für die Bildung der Mehrzahl von männlichen und weiblichen Substantiven wird -ы -y oder -и -i benutzt.

Bei sächlichen Hauptwörtern wie место *m'éßta ändert sich in der Mehrzahl die Betonung (*места *m'ißtá). Das führt dazu, dass der in der Einzahl betonte Selbstlaut nunmehr reduziert wird: é > i.*

Einzahl		Mehrzahl		
театр	**t'iátr** *m*	театры	**t'iátry**	Theater
трамвай	**tramwáj** *m*	трамваи	**tramwáji**	Straßenbahn
рубль	**rúbl'** *m*	рубли	**rubl'í**	Rubel
комната	**kómnata** *w*	комнаты	**kómnaty**	Zimmer
неделя	**n'id'él'a** *w*	недели	**n'id'él'i**	Woche
тетрадь	**t'itrát'** *w*	тетради	**t'itrád'i**	Heft

Die Endungen für sächliche Substantive sind -a a und -я 'a.

| место | **m'éßta** | места | **mißtá** | Ort, Platz |
| море | **mór'i** | моря | **mar'á** | Meer |

Einige männliche Hauptwörter bilden die Mehrzahl ebenfalls mit -a. Hier ändert sich auch die Betonung:

город	**górat**	города	**garadá**	Stadt
дом	**dóm**	дома	**damá**	Haus
адрес	**ádr'iß**	адреса	**adr'ißá**	Adresse
глаз	**gláß**	глаза	**glasá**	Auge
поезд	**pójißt**	поезда	**pajisdá**	Zug

Wie im Deutschen existieren auch im Russischen Hauptwörter, die es nur in der Einzahl bzw. nur in der Mehrzahl gibt:

деньги	**d'éng'i** *Mz*	Geld
каникулы	**kan'ikuly** *Mz*	Ferien

Artikel

Erfreulicherweise gibt es im Russischen weder einen bestimmten Artikel („der", „die", „das") noch einen unbestimmten Artikel (also auch kein „ein", „eine"). So kann вокзал wagsál „der Bahnhof" sein, aber auch „ein Bahnhof", oder es kann einfach nur mit „Bahnhof" übersetzt werden. Welche der drei Bedeutungen jeweils richtig ist, ergibt sich aus dem Textzusammenhang.

Aber: Braucht man das Wörtchen „ein" als Mengenangabe, so muss man das Zahlwort один ad'ín *eins* verwenden, z. B:

один литр ad'ín l'ítr *ein Liter*.

Dieses & Jenes

Die hinweisenden Fürwörter stehen immer vor dem Hauptwort, auf das sie sich beziehen, und richten sich in Zahl und Geschlecht nach diesem. Steht das Hauptwort jedoch in der Mehrzahl, gibt es nur jeweils eine Form (also kein Unterschied zwischen männlichem, weiblichem und sächlichem Geschlecht).

diese(r, -s)	jene(r, -s)	so eine(r, -s)	
этот	тот	такой	*männlich*
état	**tót**	**takój**	
эта	та	такая	*weiblich*
éta	**tá**	**takája**	
это	то	такое	*sächlich*
éta	**tó**	**takóji**	
эти	те	такие	*Mehrzahl*
ét'i	**t'é**	**tak'íji**	

état tramváj *m*	diese Straßenbahn	этот трамвай
takája kn'íga *w*	solch ein Buch	такая книга
tó k'inó *s*	jenes Kino	то кино
ét'i d'ét'i *Mz*	diese Kinder	эти дети

Mit это *éta* (dieses) kann man sogar schon kleine Sätze bilden. Im Deutschen wird es dann mit „das ist" oder „es ist" übersetzt:

Это мой друг
Éta mój drúk.
dieses mein Freund
Das ist mein Freund.

Это моя подруга
Éta majá padrúga.
dieses meine Freundin
Das ist meine Freundin.

Eigenschaftswörter

Im Wörterbuchteil sind Eigenschaftswörter nur in der männlichen Form angegeben.

Die Eigenschaftswörter stehen immer vor dem Hauptwort, auf das sie sich beziehen, und richten sich in Zahl und Geschlecht nach diesem. Die meisten Eigenschaftswörter enden auf -ый -yj. Darüber hinaus enden einige auf die stets betonte Endung -ой -ój. Endet der Stamm des Eigenschaftswortes auf -г -g, -к k, -х -ch oder einen Zischlaut, so folgt die Endung -ий -ij. Die Endungen lauten dann jeweils wie in der folgenden Tabelle angegeben.

	schön	groß	hoch
männlich	красивый	большой	высокий
	kraß'íw-yj	**bal'sch-ój**	**wyßók'-ij**
weiblich	красивая	большая	высокая
	kraß'íw-aja	**bal'sch-ája**	**wyßók-aja**
sächlich	красивое	большое	высокое
	kraß'íw-aji	**bal'sch-óji**	**wyßók-aji**
Mehrzahl	красивые	большие	высокие
	kraß'íw-yji	**bal'sch-ýji**	**wyßók'-iji**

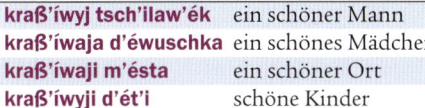

kraß'íwyj tsch'ilaw'ék	ein schöner Mann	красивый человек
kraß'íwaja d'éwuschka	ein schönes Mädchen	красивая девушка
kraß'íwaji m'ésta	ein schöner Ort	красивое место
kraß'íwyji d'ét'i	schöne Kinder	красивые дети

Sätze ohne Verben

Nun kann man kleine Sätze aus Haupt- und Eigenschaftswort bilden. Als Ergänzung des Verbs „sein" muss sich Letzteres in Zahl und Geschlecht nach dem Hauptwort richten.

Oft wird die Verbindung zwischen Haupt- und Eigenschaftswort durch einen Bindestrich – angegeben.

Этот дом – большой.
État dóm bal'schój.
dieses Haus groß(m)
Dieses Haus ist groß.

Человек – красивый.
Tsch'ilaw'ék kraß'íwyj.
Mann schön(m)
Der Mann ist schön.

Девушка – красивая.
D'éwuschka kraß'íwaja.
Mädchen schön(w)
Das Mädchen ist schön.

Место красивое.
M'eßta kraß'íwaji.
Ort schön(s)
Der Ort ist schön.

Этот новый дом – большой.
État nówyj dóm bal'schój.
dieses neue Haus groß(m)
Dieses neue Haus ist groß.

Старый человек – красивый.
ßtáryj tsch'ilaw'ék kraß'íwyj.
alter Mann schön(m)
Der alte Mann ist schön.

Im Buch werden die männliche und weibliche Form immer durch einen Schrägstrich getrennt angegeben:

Я устал / устала

Já ußtál / ußtála.

Ist der Satzgegenstand (Subjekt) ein persönliches Fürwort („ich", „du" ...), richtet sich das Eigenschaftswort danach, ob die handelnde Person ein Mann oder eine Frau ist.

Я устал.	Я устала.
Já ußtál.	**Já ußtála.**
ich müde(m)	*ich müde(w)*
Ich bin müde.	Ich bin müde.
(sagt ein Mann)	*(sagt eine Frau)*
Ты симпатичен.	Ты симпатична.
Tý ß'impat'ítsch'in.	**Tý ß'impat'ítsch'na.**
du nett(m)	*du nett(w)*
Du bist nett!	Du bist nett!
(zu einem Mann)	*(zu einer Frau)*
Ты симпатичен.	Ты симпатична.
Ty simpatitschèn.	**Ty simpatitschna.**
du nett(m)	*du nett(w)*
Du bist nett!	Du bist nett!
(zu einem Mann)	*(zu einer Frau)*

Dimitry Pichugin@fotolia.com

Ukok-Plateau im Altai-Gebirge, Südwest-Sibirien

Um diese Sätze in die Vergangenheits- und Zukunftszeit zu stellen, braucht man (wie im Deutschen) die entsprechenden Vergangenheits- und Zukunftsformen von byt* *sein*.

Liste wichtiger Eigenschaftswörter		
хороший; плохой	**charóschyj; plachój**	gut; schlecht
большой; маленький	**bal'schój; mál'ink'ij**	groß; klein
молодой / новый; старый	**maladój / nówyj; ßtáryj**	jung / neu; alt
тёплый; холодный	**t'óplyj; chalódnyj**	warm; kalt
близкий; дальний	**bl'íßk'ij; dáln'ij**	nah; fern
красивый; страшный	**kraß'iwyj; ßtràschnyj**	schön; hässlich
больной; здоровый	**bal'nój; zdarówyj**	krank; gesund
дорогой; дешёвый	**daragój; d'ischówyj**	lieb / teuer; billig
богатый; бедный	**bagátyj; b'édnyj**	reich; arm
сильный; слабый	**ß'íl'nyj; ßlábyj**	stark; schwach
простой; сложный	**praßtój; ßlóschnyj**	einfach; schwierig
лёгкий; тяжёлый	**l'óch'k'ij; t'ishólyj**	leicht; schwer
полный; пустой	**pólnyj; pußtój**	voll; leer
голодный; сытый	**galódnyj; ßýtyj**	hungrig; satt
чистый; грязный	**tsch'íßtyj; gr'ásnyj**	sauber; schmutzig
длинный; короткий	**dl'ínyj; karótk'ij**	lang; kurz
высокий; низкий	**wysók'ij; n'íßk'ij**	hoch; niedrig / tief
быстрый; медленный	**býßtryj; m'édl'inyj**	schnell; langsam
счастливый	**schsch'ißl'íwyj**	glücklich
печальный	**p'itsch'ál'nyj**	traurig
интересный	**int'ir'éßnyj**	interessant
скучный	**ßkútsch'nyj**	langweilig
умный; глупый	**úmnyj; glúpyj**	klug; dumm
светлый; тёмный	**ßw'étlyj; t'ómnyj**	hell; dunkel

Farben		
белый; жёлтый	**b'élyj; shóltyj**	weiß; gelb
оранжевый; красный	**aránshywyj; kráßnyj**	orange; rot
розовый; зелёный	**rósawyj; s'il'ónyj**	rosa; grün
синий; фиолетовый	**ß'ín'ij; f'ial'étawyj**	blau; violett
коричневый; серый	**kar'ítsch'n'iwyj; ß'éryj**	braun; grau
чёрный; цветной	**tsch'órnyj; zwitnój**	schwarz; bunt

Steigern & Vergleichen

Zur Bildung der 1. Steigerungsstufe (Komparativ) wird das unveränderliche более **ból'iji** *mehr* bzw. менее **m'én'iji** *weniger* vor das Eigenschaftswort gestellt, welches sich in Zahl und Geschlecht nach dem dazugehörigen Hauptwort richtet.

Für die 2. Steigerungsstufe (Superlativ) wird самый **ßámyj** *am meisten* vor das entsprechende Eigenschaftswort gestellt. Es richtet sich wie das Eigenschaftswort selbst in Zahl und Geschlecht nach dem dazugehörigen Hauptwort.

более сладкий	самый сладкий
ból'iji ßlátk'ij	**ßámyj ßlátk'ij**
mehr süß(m)	*am-meisten(m) süß(m)*
süßerer	süßester
более сладкая	самая сладкая
ból'iji ßlátkaja	**ßámaja ßlátkaja**
mehr süße(w)	*am-meisten(w) süße(w)*
süßere	süßeste

менее красивый человек
m'én'iji kraß'íwyj tsch'ilaw'ék
weniger schöner(m) Mann
ein weniger schöner Mann

более красивая девушка
ból'iji kraß'íwaja d'éwuschka
mehr schönes(w) Mädchen
ein schöneres Mädchen

самое красивое место
ßámaji kraß'íwaji m'ésta
am-meisten(s) schöner(s) Ort
der schönste Ort

самые красивые дети
ßámyji kraß'íwyji d'ét'i
am-meisten(Mz) schöne(Mz) Kinder
die schönsten Kinder

Sandskulptur in Sankt Petersburg

Ist aber das gesteigerte Eigenschaftswort der Form nach ein Umstandswort (z. B. in Sätzen vom Typ „das ist …" + Eigenschaftswort), bekommt die 1. Steigerungsform eine abweichende Endung:

Это лучше / хуже
Éta lúttschy / chúshy
Das ist besser / schlechter

больше / меньше
ból'schy /m'én'schy
größer / kleiner

старше
ßtárschy
älter

Von einigen Eigenschaftswörtern wird die 1. Steigerungsstufe unregelmäßig gebildet; die 2. Steigerungsstufe bleibt jedoch regelmäßig.

хороший	лучший	самый хороший
charóschyj	**lúttschyj**	**ßámyj charóschyj**
gut	besser	bester
плохой	худший	самый плохой
plachój	**chúttschyj**	**ßámyj plachój**
schlecht	schlechter	schlechtester
большой	больший	самый большой
bal'schój	**ból'schyj**	**ßámyj bal'schój**
groß	größer	größter
маленький	меньший	самый маленький
mál'ink'ij	**m'én'schyj**	**ßámyj mál'ink'ij**
klein	kleiner	kleinster
старый	старший	самый старший
ßtáryj	**ßtárschyj**	**ßámyj ßtárschyj**
alt	älter	ältester

vergleichen

Sind zwei Dinge, die man miteinander vergleicht, an einer Eigenschaft ungleich, wird „als" mit чем *tsch'ém* ausgedrückt.

Санкт-Петербург более красивый чем Омск.
ßánkt P'it'irbúrk ból'iji kraß'íwyj tsch'ém Ómßk.
Sankt Petersburg mehr schön(m) alsOmsk
Sankt Petersburg ist schöner als Omsk.

Тамара более красивая чем Мария.
Tamára ból'iji kraß'íwaja tsch'ém Maríja.
Tamara mehr schön(w) als Maria
Tamara ist schöner als Maria.

Die Gleichheit zweier Dinge hinsichtlich einer Eigenschaft wird durch die Konstruktion такой же takój-shy … как kák *so … wie* ausgedrückt, die das entsprechende Eigenschaftswort wie eine Klammer umschließt. Такой takój richtet sich in Zahl und Geschlecht nach dem jeweiligen Satzgegenstand (Subjekt).

Санкт-Петербург такой же красивый как Париж.
ßánkt P'it'irbúrk takój-shy kraß'íwyj kák Parísh.
Sankt Petersburg so schön(m) wie Paris
Sankt Petersburg ist genauso schön wie Paris.

Тамара такая же красивая как Мария.
Tamára takája-shy kraß'íwaja kák Maríja.
Tamara so schön(w) wie Maria
Tamara ist genauso schön wie Maria.

Umstandswörter

Ein Umstandswort der Art und Weise (Frage: „wie?", „auf welche Art und Weise?") lässt sich leicht aus dem entsprechenden Eigenschaftswort (Frage: „was für ein?") ableiten. Hierzu

wird die männliche Endung des Eigenschaftswortes (-ый -yj, -ий -ij, -ой -oj) im Regelfall durch die Endung -o -o ersetzt.

хороший день	Он работает хорошо!
charóschyj d'én'	**Ón rabótajit charaschó!**
guter Tag	*er (er-)arbeitet gut(Umst.)*
ein guter Tag	Er (er)arbeitet gut!

wichtige Umstandswörter und Ähnliches

правильно; неправильно	**práw'il'na, n'ipráw'il'na**	richtig; falsch
высоко; глубоко	**wyßakó; glubakó**	hoch; tief
хорошо; плохо	**charaschó; plócha**	gut; schlecht
быстро; медленно	**býstra; m'édl'inna**	schnell; langsam
холодно; тепло	**chóladna; t'ipló**	kalt; warm
весело; грустно	**w'éß'ila; grúßna**	fröhlich; traurig
грязно; чисто	**gr'ásna; tsch'íßta**	schmutzig; sauber
никогда; всегда	**n'ikagdá; fß'igdá**	niemals; immer
раньше; позже	**rán'schy; póshshy**	früher; später
сегодня; завтра	**ß'iwódn'a; sáftra**	heute; morgen
здесь; там	**sd'éß'; tám**	hier; dort
много; мало	**mnóga; mála**	viel; wenig
все; ничего	**fß'ó; n'itsch'iwó**	alles; nichts
очень; слишко	**ótsch'in'; ßl'íschkam**	sehr ...; zu sehr ...

очень хорошо	слишком большой
ótsch'in' charaschó	**ßl'íschkam bal'schój**
sehr gut(Umst.)	*zu-sehr groß*
sehr gut	zu groß

Fürwörter

Im Russischen wird für die höfliche Anrede die 2. Person Mehrzahl вы wý *ihr* verwendet. Passend dazu verwendet man auch die Verb-form der 2. Person Mehrzahl.

já я	ich	**mý** мы	wir
tý ты	du	**wý** вы	ihr / Sie
ón / aná / anó он/она/оно	er / sie / es	**an'í** они	sie *(Mz)*

Die besitzanzeigenden Fürwörter stehen vor dem Hauptwort, auf das sie sich beziehen, und richten sich in Zahl und Geschlecht nach diesem. Die 3. Person Einzahl und Mehrzahl (его jiwó, её jijó, их ích) sind jedoch unveränderlich.

	mein	dein	sein	ihr (Ez)
	мой	твой	его	её
m	**mój**	**twój**	**jiwó**	**jijó**
	моя	твоя	его	её
w	**majá**	**twajá**	**jiwó**	**jijó**
	моё	твоё	его	её
s	**majó**	**twajó**	**jiwó**	**jijó**
	мои	твои	его	её
Mz	**mají**	**twají**	**jiwó**	**jijó**

Beachten Sie:
их ích *(ihr, Mz) wird*
mit rauem „ch" wie im
deutschen Wort „ach"
ausgesprochen.

unser	euer / Ihr	ihr (Mz)
наш	ваш	их
násch	**wásch**	**ích**
наша	ваша	их
náscha	**wáscha**	**ích**
наше	ваше	их
násche	**wásche**	**ích**
наши	ваши	их
náschy	**wáschy**	**ích**

мой друг	**mój drúk** *m*	mein Freund
твоя подруга	**twajá padrúga** *w*	deine Freundin
наше такси	**náschy taksí** *s*	unser Taxi
ваши дети	**wáschy d'ét'i** *Mz*	eure Kinder / Ihre Kinder

Tätigkeitswörter

Die Grundform (Infinitiv) eines Verbs besteht aus einem Stamm und einer Endung. Die häufigsten Endungen lauten -ать / -ять -at' / -jat' und -ть -it', etwas seltener sind -ти -et', -чь -ti und -tsch', z. B.: делать d'élat' *machen*, уметь um'ét' *können*, говорить gawarít' *sprechen*.

Gegenwart

Je nach Endung der Grundform kann man

zwischen drei Beugungstypen unterscheiden:

e e-Beugung: Bei Verben, die auf -ать / -ять -at' / -jat' enden, wird das -ть -t' durch die Beugungsendungen ersetzt (-a- / -я- -a- / -ja- bleiben dabei erhalten).

ё jo-Beugung: Bei einigen Verben auf -ать / -ять -at' / -jat' ist die Endung der Grundform betont, daher verwandelt sich das -e- -je- der Endungen in -ё- -jo-.

и i-Beugung: Bei Verben auf -ить -it' wird diese Grundformendung durch die jeweiligen Beugungsendungen ersetzt.

e-Beugung	jo-Beugung	i-Beugung	
делать	вставать	говорить	
d'élat'	**fßtawát'**	**gawar'it'**	
machen	*aufstehen*	*sprechen*	
дела-ю	вста-ю	говор-ю	я
d'éla-ju	**fßta-jú**	**gawar'-ú**	ja
дела-ешь	вста-ёшь	говор-ишь	ты
d'éla-jisch	**fßta-jósch**	**gawar'-ísch**	ty
дела-ет	вста-ёт	говор-ит	он, она, оно
d'éla-jit	**fßta-jót**	**gawar'-ít**	ón, aná, anó
дела-ем	вста-ём	говор-им	мы
d'éla-jim	**fßta-jóm**	**gawar'-ím**	mý
дела-ете	вста-ёте	говор-ите	вы
d'éla-jit'i	**fßta-jót'i**	**gawar'-ít'i**	wý
дела-ют	вста-ют	говор-ят	они
d'éla-jut	**fßta-jút**	**gawar'-át**	an'í

Die Bindestriche stehen hier nur zur Anschaulichkeit.

Verben endend auf -еть -et' werden mal nach

der e- e-Beugung, mal nach der и- i-Beugung gebeugt.

Verben, die auf -овать -owat' oder евать-ewat' enden, werden nach der e-e-Beugung gebeugt. Sie verändern bei der Beugung jedoch ihren Stamm, indem -ов -ow- bzw. ев -ew- zu -y- -u- werden. Die Endungen der e-Beugung bleiben jedoch erhalten, z. B.: танцевать tanzywát' *tanzen*, я танцую ja tanzúju *ich tanze*, ты танцуешь ty tanzújisch *du tanzt*, они танцуют an'í tanzújut *sie tanzen*.

Aspekte

Beachten Sie: Die Gegenwart kann nur von Verben im unvollendeten Aspekt gebildet werden. Der gleiche Satz an Endungen bezeichnet bei Verben im vollendeten Aspekt die Zukunftszeit.

Der „Aspekt" ist eine grammatische Erscheinung in slawischen Sprachen, die es im Deutschen nicht gibt. Für die meisten Verben gibt es im Russischen jeweils zwei Varianten, eine so genannte „vollendete" und eine „unvollendete" Form.

Der Aspekt fügt einem Verbs verschiedene Bedeutungsnuancen hinzu. Diese Zusatzinformationen werden aber oft auch aus dem Sinnzusammenhang deutlich. Es ist daher nicht so schlimm, wenn man ein Verb im falschen Aspekt verwendet. Der Einfachheit halber ist es anfangs auch möglich, die Verben nur im unvollendeten Aspekt zu verwenden.

unvollendeter Aspekt

Der „unvollendete" Aspekt betont die Dauer einer Handlung, ...

– die zur Zeit noch im Gang ist oder war;
– die sich regelmäßig wiederholt.

Von Verben im unvollendeten Aspekt können
alle drei Zeitstufen (Gegenwart, Vergangenheit und Zukunft) gebildet werden.
  Unvollendete Verben stehen oft in Verbindung mit für sie typischen Zeitangaben:

часто; долго	**tsch'áßta; dólga**	oft; lange
ежедневно; сегодня	**jishydn'éwna; ß'iwódn'a**	täglich; heute
всегда; обычно	**fß'igdá; abýtsch'na**	immer; gewöhnlich
редко; иногда	**r'étka; inagdá**	selten; manchmal

Я работаю.
Já rabótaju.
ich (ich-)arbeite
Ich arbeite.
(regelmäßig)

Я читаю книгу.
Já tsch'itáju knígu.
ich (ich-)lese Buch[4]
Ich lese das / ein Buch.
(jetzt gerade)

Каждый день я делаю зарядку.
Káshdyj d'én' já d'élaju sar'átku.
jeder Tag ich (ich-)mache Aufladen[4]
Ich mache jeden Tag Gymnastik.

vollendeter Aspekt

Der „vollendete" Aspekt betont Resultat oder
zeitliche Begrenzung einer Handlung, die ...
  ... einmalig und bereits abgeschlossen ist;
  ... einmalig ist und beendet werden soll.
Verben im vollendeten Aspekt werden nicht
so häufig verwendet. Von ihnen kann auch

*Die Zukunftsform von
vollendeten Verben
bildet man nach dem
Beugungsschema der
Gegenwart für unvoll-
endete Verben.*

Beim Berichten von Ereignissen in der Vergangenheit sind sie allerdings schon häufig.

nur die Zukunft und die Vergangenheit gebildet werden.

Мы проработали два часа.
Mý prarabótal'i dwá tsch'ißá.
wir arbeiteten(Mz, v) zwei Stunden
Wir arbeiteten zwei Stunden.
(... und jetzt sind wir fertig)

Я прочитаю книгу.
Já pratsch'itáju knígu.
ich (ich-)werde-lesen(v) Buch⁴
Ich werde das Buch (durch)lesen.
(... dann kannst du es wiederhaben)

Вчера он сделал ошибку.
Ftsch'irá ón sd'élal aschýpku.
gestern er machte(m, v) Fehler⁴
Gestern machte er einen Fehler.
(... nur einmal)

Vergangenheit

Die Vergangenheit wird für alle Verben (ob nun „vollendet" oder „unvollendet") gleich gebildet: Man geht von der Grundform des Tätigkeitswortes aus und ersetzt die Grundform-Endung -ть *-t'* durch die Endung der Vergangenheit. Aus делать d'élat' *machen* wird so делал d'élal *machte*, aus говорить gawarít' *sprechen* wird говорил gawaríl *sprach*.

Man unterscheidet aber bei den Endungen, anders als in der Gegenwartszeit, nicht zwischen der 1., 2. und 3. Person selbst.

| Einzahl: -л **-l** *m*, -ла **-la** *w*, -ло **-lo** *s* |
| Mehrzahl: ли **-li** |

Man unterscheidet, ob die handelnde Person männlich, weiblich oder sächlich ist (bei 1. bis 3. Person Einzahl), bzw. ob es sich um eine Mehrzahl von handelnden Person handelt. Die russische Vergangenheitsformen können mit allen deutschen Zeiten der Vergangenheit übersetzt werden, z. B. kann он писал ón p'ißál je nach Sinnzusammenhang übersetzt werden mit:

er schrieb (einfache Vergangenheit)
er hat geschrieben (vollendete Gegenwart)
er hatte geschrieben (vollendete Vergangenheit)

Тамара писала письмо.
Tamára p'ißála p'iß'mó.
Tamara schrieb(w) Brief
Tamara schrieb einen Brief.

Иван писал письмо.
Iwán p'ißál p'iß'mó.
Iwan schrieb(m) Brief
Iwan hat einen Brief geschrieben.

Тамара и Иван писали письмо.
Tamára í Iwán p'ißál'i p'iß'mó.
Tamara und Iwan schrieben(Mz) Brief
Tamara und Iwan hatten einen Brief geschrieben.

Die Formen der Vergangenheit richten sich wie bei den Eigenschaftswörtern in Zahl und Geschlecht nach dem Satzgegenstand (Subjekt), unabhängig von dessen grammatischer Person („ich", „du", „er / sie / es", usw.):
Я писал письмо.
Já p'ißál p'iß'mó.
„Ich schrieb einen Brief." (sagt Mann);
Я писала письмо.
Já p'ißála p'iß'mó.
„Ich schrieb einen Brief." (sagt Frau).

Zukunft

Die Zukunft von Verben im unvollendeten Aspekt bildet man mit der Zukunftsform des Hilfsverbs быть být' *sein*. Dazu wird быть být' mit der Grundform des entsprechenden Verbs kombiniert. Die Konstruktion ist also wie im Deutschen, z. B. „ich werde gehen", „du wirst gehen" – Hier die Zukunftsform:

быть **být'** – *sein (Zukunft)*		
я буду	**já búdu**	ich werde
ты будешь	**tý búd'isch**	du wirst
он / она будет	**ón / aná búd'it**	er / sie wird
мы будем	**mý búd'im**	wir werden
вы будете	**wý búd'it'i**	ihr werdet
они будут	**an'í búdut**	sie werden

Я буду учиться руссокму языку.
Já búdu utsch'ítza rúßkamu jisykú.
ich (ich-)werde lernen-sich russische³ Sprache³
Ich werde Russisch lernen.

Die Zukunft von vollendeten Verben bildet man, indem man sie wie unvollendete Verben in der Gegenwart beugt! Man vergleiche die Zukunft des Verbs „machen" im unvollendeten (делать) (d'élat') und vollendeten (сделать) (sd'élat') Aspekt:

я буду делать
já búdu d'élat'
ich (ich-)werde machen
ich werde machen

я сделаю
já sd'élaju
ich (ich-)werde-machen(v)
ich werde machen

Modalverben: können, wollen, müssen

Die Beugung der Verben ist schwierig genug. Wer es sich einfacher machen möchte, kann sich mit Hilfe der Modalverben elegant aus der Affäre ziehen: Man braucht nämlich nur das gebeugte Modalverb mit der Grundform des gewünschten Verbs zu kombinieren. Irgendein Modalverb passt immer!

wollen, lieben, können, dürfen

хотеть **chat'ét'** *wollen, möchte*	любить **l'ub'ít'** *lieben, mögen*
я хочу **já chatsch'ú**	я люблю **já l'ubl'ú**
ты хочешь **tý chótsch'isch**	ты любишь **tý l'úb'isch**
он / она хочет **ón / aná chótsch'it**	он / она любит **ón / aná l'úb'it**
мы хотим **mý chat'ím**	мы любим **mý l'úb'im**
вы хотите **wý chat'ít'i**	вы любите **wý l'úb'it'i**
они хотят **an'í chat'át**	они любят **an'í l'úb'at**

любить **l'ub'ít'** *kann als Modalverb verwendet werden, aber auch als Vollverb.*

мочь **mótsch'** *können, dürfen*	уметь **um'ét'** *können, wissen*
я могу **já magú**	я умею **já um'éju**
ты можешь **tý móshysch**	ты умеешь **tý um'éjisch**
он / она может **ón / aná móshyt**	он / она умеет **ón / aná um'éjit**
мы можем **mý móshym**	мы умеем **mý um'ejim**
вы можете **wý móshyt'i**	вы умеете **wý um'éjit'i**
они могут **an'í mógut**	они умеют **an'í um'éjut**

Я хочу купить билеты.
Já chatsch'ú kupít' b'il'éty.
ich (ich-)will kaufen Fahrkarten[4]
Ich möchte Fahrkarten kaufen.

vodolej@fotolia.com

Monument der 1. Straßenbahn in St. Petersburg

Он хочет идти домой.
Ón chótsch'it itt'í damój.
er (er-)will gehen nach-Hause
Er möchte nach Hause gehen.

Я люблю путешествовать.
Já l'ubl'ú put'ischéßtwawat'.
ich (ich-)liebe reisen
Ich reise gern.

Я люблю слушать музыку.
Já l'ubl'ú ßlúschat' músyku.
ich (ich-)liebe hören Musik[4]
Ich höre gern Musik.

Я люблю тебя.	Я люблю исскуство.
Já l'ubl'ú t'ib'á.	**Já l'ubl'ú ißkúßtwa.**
ich (ich-)liebe dich[4]	*ich (ich-)liebe Kunst[4]*
Ich liebe dich.	Ich liebe Kunst.

Neben den gebeugten Formen von мочь mótsch' *(können, dürfen) wird häufig die unpersönliche Nebenform* можно móshna *(man darf / kann) verwendet.*

Можно?	Можно курить?
Móshna?	**Móshna kur'ít'?**
man-kann	*man-kann rauchen*
Darf man / ich?	Darf man / ich rauchen?

Можно войти?	Можно! / Нельзя!
Móshna wajt'í?	**Móshna! / N'ils'á!**
man-kann eintreten	*man-kann / man-darf-nicht*
Darf man eintreten?	Ja. / Man darf nicht!

Где можно купить водку?
Gd'é móshna kupít' wótku?
wo man-kann kaufen Wodka[4]
Wo kann man Wodka kaufen?

уметь um'ét' heißt „können" im Sinne von „zu etwas fähig sein", „etwas gelernt haben".	Я умею плавать. **Já um'éju pláwat'.** *ich (ich-)kann schwimmen* Ich kann schwimmen.

Ты хорошо умеешь танцевать.
Tý charaschó um'éjisch tanzywát'.
du gut(Umst.) (du-)kannst tanzen
Du kannst gut tanzen.

gerne wollen, müssen

Neben den „normalen" Modalverben gibt es im Russischen weitere Konstruktionen, z. B.: die folgenden zwei:

Man kombiniert das im 3. Fall gebeugte persönliche Fürwort („mir", „dir" ...) mit einem unpersönlichen, unveränderlichen Ausdruck. Danach folgt ein Vollverb in der Grundform.

Fürwörter im 3. Fall

мне	**mn'é**	mir	нам	**nám**	uns
тебе	**tib'é**	dir	вам	**wám**	euch
ему / ей	**jimú** *m/s*, **jéj** *w*	ihm, ihr	им	**ím**	ihnen

хочется **chótsch'itza**
gerne (etwas tun) wollen / möchte(n)

надо **náda**
(etwas tun) müssen

Мне хочется спать.
Mn'é chótsch'itza ßpát'.
mir³ (es-)will-sich schlafen
Ich möchte schlafen.

Ему хочется есть
Jimú chótsch'itza jéß't'.
ihm³ (es-)will-sich essen
Er möchte essen.

Нам хочется пить.
Nám chótsch'itza pít'.
uns³ (es-)will-sich trinken
Wir möchten trinken.

Мне надо пойти.
Mn'é náda pajt'í.
mir³ es-muss losgehen(v)
Ich muss (jetzt) gehen.

Надо подождать.
Náda padashdát'.
es-muss warten(v)
Wir müssen warten.

надо náda „es muss" wird sehr häufig auch ohne das gebeugte Fürwort als ganz unpersönlicher Ausdruck verwendet. Der entsprechende verneinte Ausdruck „man kann / darf nicht" heißt нельзя nilzjá.

Надо пойти.
Náda pajt'í.
es-muss losgehen(v)
Ich muss / Wir müssen jetzt losgehen.

Здесь нельзя курить.
Sd'éß' n'il's'á kurít'.
hier es-darf-nicht rauchen
Hier darf man nicht rauchen.

sollen, müssen

Eine andere Konstruktion für „sollen" / „müssen" ist die Kombination des ungebeugten persönlichen Fürwortes mit должен dólshyn („geschuldet"). Es folgt das Vollverb in der Grundform. Da должен dólshyn ursprünglich ein Eigenschaftswort ist, richtet es sich in Zahl und Geschlecht nach dem Satzgegenstand (Subjekt).

	Einzahl	Mehrzahl
m	должен **dólshyn**	должны **dalshný**
w	должна **dalshná**	должны **dalshný**
s	должно **dalshnó**	должны **dalshný**

Мы должны купить еду.
Mý dalshný kupít' jidú.
wir geschuldet(Mz) kaufen Essen
Wir sollen einkaufen.

Я должен уехать.
Já dólshyn ujéchat'.
ich geschuldet(m) wegfahren(v)
Ich muss wegfahren. *(sagt ein Mann)*

Я должна уехать.
Já dalshná ujéchat'.
ch geschuldet(w) wegfahren(v)
Ich muss wegfahren. *(sagt eine Frau)*

etwas benötigen, brauchen

Folgendes ist keine Modalkonstruktion. Das im 3. Fall gebeugte persönliche Fürwort („mir", „dir" usw.) wird mit нужен n<u>u</u>shen *(etwas) benötigen, brauchen* kombiniert. Nun wird allerdings ein Hauptwort verlangt, eben das, was man braucht bzw. benötigt.

мне, тебе, ему	ей	нам, вам, им
mn'é, t'ib'é, jimú *m/s*,	**jéj** *w*,	**nám, wám, ím**

&

нужен	нужна	нужно	нужны
núshyn *m*,	**nushná** *w*,	**núshna** *s*,	**nushný** *Mz*

*núshyn „man braucht"
richtet sich in Zahl und
Geschlecht nach dem
ergänzten Hauptwort.*

Мне нужна виза.
Mn'é nushná w'ísa.
mir³ es-braucht(w) Visum
Ich brauche ein Visum.

Мне нужны деньги
Mn'é nushný d'éng'i.
mir³ es-braucht(Mz) Gelder(Mz)
Ich brauche Geld.

Sein & Haben

Die deutschen Gegenwartsformen von
„sein" (bin, bist, ist, sind, seid, sind) existieren
im Russischen nicht. Sätze, die im Deutschen
das Verb „sein" verlangen, stehen im Russischen ganz ohne Verb:

Он большой.
Ón bal'schój.
er groß(m)
Er ist groß.

Она большая.
Aná bal'schája.
sie groß(w)
Sie ist groß.

Wenn jedoch das Vorhandensein einer Sache bezeichnet werden soll, wird есть *jeß't* *es gibt* verwendet:

Есть ещё свободное место?
Jéßt' jischsch'ó ßwabódnaji m'éßta?
es-gibt noch freier Platz
Ist noch ein Platz frei?

Will man diese Sätze in die Vergangenheit setzen, benötigt man jedoch die Vergangenheitsformen von „sein". Sie lauten:

Zur Erinnerung: Die Vergangenheitsformen richten sich in Zahl und Geschlecht nach dem Satzgegenstand (Subjekt). – Die Zukunftsformen von быть být' „sein" stehen im Kapitel „Zukunft".

	Einzahl	**Mehrzahl**
m	был **býl**	были **býl'i**
w	была **bylá**	были **býl'i**
s	было **býla**	были **býl'i**

Она была красивая.
Aná bylá kraß'íwaja.
sie war(w) schön(w)
Sie war schön.

Это хорошо.
Éta charaschó!
dieses gut(Umst.)
Das ist gut!

Это было хорошо.
Éta býla charaschó!
dieses war(s) gut(Umst.)
Das war gut!

Это будет хорошо.
Éta búd'it charaschó!
dieses wird-sein gut(Umst.)
Das wird gut werden!

haben, besitzen

Für das deutsche „haben" im Sinne von „besitzen" hat sich die russische Sprache einen

Kunstgriff erdacht. Wörtlich sagt ein Russe nämlich „bei mir, bei dir ..." und meint damit „ich habe, du hast ...". Da das Verhältniswort у *bei* im Russischen den 2. Fall verlangt, steht auch das persönliche Fürwort im 2. Fall.

у ... **u** ... (*+ persönliches Fürwort im 2. Fall*)

у меня **u-m'in'á**	ich habe	у нас **u-náß**	wir haben
у тебя **u-t'ib'á**	du hast	у вас **u-wáß**	ihr habt
у него **u-n'iwó** *m/s*	er / es hat	у них **u-n'ích**	sie haben
у неё **u-n'ijó** *w*	sie hat	у них **u-n'ích**	sie haben

In der Gegenwart kann außerdem das unveränderliche есть jéß't' *es gibt* hinzugefügt werden, wenn man den „Besitz" betonen möchte.

У меня есть автомашина.
U-m'in'á jéßt' aftamaschýna.
bei mir² es-gibt Auto
Ich habe (besitze) ein Auto.

У нас есть дом.
U-náß jéßt' dóm.
bei uns² es-gibt Haus
Wir haben (besitzen) ein Haus.

Für die Vergangenheit wird zusätzlich был byl *war* (Vergangenheit von „sein") nachgestellt, welches sich in Zahl und Geschlecht nach dem Ding richtet, das man hatte bzw. besaß.

У меня была автомашина.
U-m'in'á bylá aftamaschýna.
bei mir² war(w) Auto
Ich hatte (besaß) ein Auto.

У нас был дом.
U-náß býl dóm.
bei uns² war(m) Haus
Wir hatten (besaßen) ein Haus.

Die Zukunftsform („ich werde haben / besitzen" usw.) bildet man, indem man будет *búd'it es wird (sein)* für die Einzahl und будут *búdut sie werden (sein)* für die Mehrzahl nachstellt.

У неё будет брат.
U-n'ijó búd'it brát.
bei ihr² (es-)wird-sein Bruder
Sie wird einen Bruder haben (bekommen).

У меня будут каникулы.
U-m'in'á búdut kan'íkuly.
bei mir² (sie-)werden-sein Ferien
Ich werde Ferien haben (bekommen).

Verben der Richtung & Bewegung

Neben den Aspektpaaren gibt es Verben, die immer im unvollendeten Aspekt stehen und Paare bilden, die sich nach Art der Bewegung und Richtung unterscheiden:

„Bestimmte" Verben bezeichnen eine
Bewegung, die …

… einmalig erfolgt;
… in Richtung und Zeit bestimmt ist;
… mit einem bestimmten Ziel erfolgt.

„Unbestimmte" Verben bezeichnen eine
Bewegung, die …

… mehrmalig erfolgt;
… nicht zielgerichtet ist (hin und her);
… gewohnheitsmäßig erfolgt (darf dann
   auch zielgerichtet sein);
… eine allgemeine Fähigkeit beschreibt.

	bestimmt		unbestimmt	
fahren	ехать	**jéchat'**	ездить	**jésd'it'**
fliegen	лететь	**l'it'ét'**	летать	**l'itát'**
gehen	идти	**itt'í**	ходить	**chad'ít'**
schwimmen	плыть	**plýt'**	плавать	**pláwat'**
tragen, bringen	нести	**n'ißt'í**	носить	**naß'ít'**

Сегодня я иду в театр.   *bestimmt*
ß'iwódn'a já idú f-t'iátr.
heute ich (ich-)gehe in-Theater⁴
Heute gehe ich ins Theater.

Я часто хожу в театр.   *unbestimmt*
Já tsch'áßta chashú f-t'iátr.
ich oft (ich-)gehe in-Theater⁴
Ich gehe oft ins Theater.

bestimmt	Мы едем на выставку.
	Mý jéd'im na-wýßtafku.
	wir (wir-)fahren in Ausstellung⁴
	Wir fahren zur Ausstellung.

unbestimmt	Он ездит на пляж.
	Ón jésd'it na-pl'ásch.
	er (er-)fährt an Strand⁴
	Er fährt oft an den Strand.

	Он идёт домой.
bestimmt	**Ón id'ót damój.**
	er (er-)geht nach-Hause
	Er geht nach Hause.

unbestimmt	Он ходит по двору.
	Ón chód'it pa-dwarú.
	er (er-)geht durch-Hof⁶
	Er läuft auf dem Hof umher.

Rückbezügliche Verben

Die rückbezüglichen Verben erkennt man in der Grundform (Infinitiv) meistens an der zusätzlichen Endung -ся -ß'a (-za) *sich*. Diese Endung kann an viele Verben einfach angehängt werden, sofern dies einen Sinn ergibt:

развлекать	развлекаться
raswl'ikát'	**raswl'ikátza**
amüsieren	sich amüsieren

знакомить	знакомиться
snakóm'it'	**snakóm'itza**
bekannt machen	sich bekannt machen
встретить	встретиться
fßtr'ét'it'	**fßtr'ét'itza**
treffen	sich treffen
занимать	заниматься
san'imát'	**san'imátza**
beschäftigen	sich beschäftigen mit

Das rückbezügliche Verb kann aber eine völlig andere Bedeutung haben als das entsprechende nicht-rückbezügliche Verb (also ohne -ся -ß'a(-za):

договаривать	договариваться
dagawár'iwat'	**dagawár'iwatza**
zu Ende reden	sich verabreden
прощать	прощаться
praschsch'át'	**praschsch'átza**
verzeihen	sich verabschieden

Verben, die im Russischen rückbezüglich sind, müssen dies nicht notwendigerweise auch im Deutschen sein:

учиться	начинаться
utsch'ítza	**natsch'inátza**
lernen	beginnen, anfangen

Die rückbezüglichen Verben werden wie „normale" Verben gebeugt, die Endung -ся -ß'a (sich) wird einfach daran angehängt. Einzige Besonderheit: Nach Selbstlauten ändert sich -ся -ß'a zu -сь -ß'. Hier ein Beispiel mit встречаться fßtr'i-tsch'átza *sich treffen*:

Gegenwart	Vergangenheit
я встречаю-сь **já fßtr'itsch'áju-ß'**	встречал-ся **fßtr'itsch'ál-ß'a** *m*
ты встречаешь-ся **tý fßtr'itsch'ájisch-ß'a**	встречала-сь **fßtr'itsch'ála-ß'** *w*
он / она встречает-ся **ón / aná fßtr'itsch'ájit-za**	встречал-ся/ась **fßtr'itsch'ál-ß'a/aß'**
мы встречаем-ся **mý fßtr'itsch'ájim-ß'a**	встречали-сь **fßtr'itsch'áli-ß'** *Mz*
вы встречаете-сь **wý fßtr'itsch'ájit'i-ß'**	
они встречают-ся **an'í fßtr'itsch'ájut-za**	

Für die Zukunftszeit beugt man быть být' *sein* in der Zukunft und stellt das betreffende rückbezügliche (meist unvollendete) Verb nach:

Я буду встречаться с друзьями.
Já búdu fßtr'itsch'átza s-drusjám'i.
ich (ich-)werde treffen-sich mit-Freunden[s]
Ich werde mich mit Freunden treffen.

Unregelmäßige Verben

Im Russischen gibt es eine Reihe unregelmäßiger Verben. Die beiden wichtigsten Gruppen sind:

1. Gruppe: Nur die 1. Person Einzahl („ich") Gegenwart ist unregelmäßig, alle anderen Formen werden regelmäßig gebeugt. Unregelmäßig ist jedoch nicht die Beugungsendung, sondern nur der Stamm. In diese Gruppe gehören vor allem Verben auf -ить -it'.

2. Gruppe: Alle Formen der Gegenwart sind unregelmäßig, weil sie einen anderen Stamm als die Grundform (Infinitiv) haben. Die Beugungsendungen sind immer regelmäßig.

Die unregelmäßigen Verbformen sind in den Wörterlisten immer angegeben.

	1. Gruppe	2. Gruppe
	ходить	ехать
	chad'ít' *gehen*	**jéchat'** *fahren*
я	хожу	еду
já	**chashú**	**jédu**
ты	ходишь	едешь
tý	**chód'isch**	**jéd'isch**
он / она	ходит	едет
ón / aná	**chód'it**	**jéd'it**
мы	ходим	едем
mý	**chód'im**	**jéd'im**
вы	ходите	едете
wý	**chód'it'i**	**jéd'it'i**
они	ходят	едут
an'í	**chód'at**	**jédut**

Beachten Sie: Die Vergangenheitsformen von идти itt'í *„gehen" sind sehr unregelmäßig und lauten* шёл / шла / шли schól / schlá / schlí *(m / w / Mz).*

Satzstellung

*Zum Zweck der beson-
deren Betonung kann
das Russische von
dieser Reihenfolge aller-
dings abweichen, was
durch die starke
Beugung der Haupt-
wörter noch begünstigt
wird. Die genannte
Reihenfolge ist aber
am neutralsten.*

Die Satzstellung im normalen Aussagesatz
folgt in der Regel dem Schema: Subjekt (Satzgegenstand) – Prädikat (Satzaussage) – Objekt (Satzergänzung). Auch in Neben- und
Fragesätzen ändert sich diese Reihenfolge
nicht. Die Satzaussage kann nicht wie im
Deutschen auseinandergerissen werden.

Subjekt	Prädikat	Objekt
Ольга	читает	журнал.
Ólga	**tsch'itájit**	**shurnál.**
Olga	*(sie-)liest*	*Zeitschrift⁴*
Olga liest eine / die Zeitschrift.		
Она	хочет читать	журнал.
Aná	**chótsch'it tsch'itát'**	**shurnál.**
sie	*(sie-)will lesen*	*Zeitschrift⁴*
Sie möchte eine / die Zeitschrift lesen.		

Am Satzanfang stehen meistens Zeitbestim-
mungen, am Satzende dagegen in der Regel
die Ortsangaben:

Zeitangabe	Aussagesatz	Ortsangabe
Сегодня	Ольга хочет читать журал	дома.
ß'iwód'n'a	**Ólga chótsch'it tsch'itát' shurnál**	**dóma.**
heute	*Olga (sie-)will lesen Zeitschrift⁴*	*zu-Hause*
Olga möchte heute die Zeitschrift zu Hause lesen.		
Heute möchte Olga die Zeitschrift zu Hause lesen.		
Zu Hause möchte Olga heute die Zeitschrift lesen.		

m Deutschen kann man durch die Satzstellung betonen, im Russischen geschieht dies auch durch die Betonung des betreffenden Wortes.

Auffordern & Befehlen

Die Befehlsform von vollendeten und unvollendeten Verben wird gebildet, indem man von der Verbform der 3. Person Mehrzahl (z. B. они делают an'í d'élajut *sie machen*) die Endung abstreicht – das sind entweder -ять / -ать -jat' / -at' oder -ють / -уть -jut' / -ut' – und durch die entsprechende Endung für die Befehlsform ersetzt:

bei Selbstlaut:	-й **-j** *Ez.*	-йте **-jt'i** *Mz.; höflich!*
bei Mitlaut:	-и **-i** *Ez.*	-ите **-it'i** *Mz.; höflich!*

они делают	**an'í d'élajut**	sie machen
делай!	**d'éla-j!**	mach!
делайте!	**d'éla-jt'i!**	macht! / machen Sie!
они говорят	**an'í gawar'át**	sie reden
говори!	**gawar'-í!**	rede!
говорите!	**gawar'- ít'i!**	redet! / reden Sie!

Дайте мне, пожалуйста, книгу!
Dájt'i mn'é, pashálßta, kn'ígu!
gebt(!) mir[3] bitte Buch[4]
Gebt / Geben Sie mir bitte das Buch!

Die Befehlsform ist in der Wort-für-Wort-Übersetzung mit einem Ausrufezeichen in Klammern gekennzeichnet.

Помоги / помогите мне!
Pamag'í / Pamag'ít'i mn'é!
hilf(!, v) / helft(!, v) mir[3]
Hilf / helfen Sie mir!

Подождите минутку!
Padashd'ít'i m'inútku!
wartet(!, v) Minütchen[4]
Warten Sie einen Augenblick!

Повторите, пожалуйста, это слово!
Paftar'it'i, pashálßta, éta ßlówa!
wiederholt(!) bitte dieses[4] *Wort*[4]
Wiederholen Sie bitte dieses Wort!

Иди сюда!	**Id'í ß'udá!**	Komm hierher!
Идите сюда!	**Id'ít'i ß'udá!**	Kommen Sie hierher!
Входи!	**Fchad'i!**	Tritt ein!
Входите!	**Fchad'ít'i!**	Treten Sie ein!

Eine Aufforderung beginnt man mit folgenden höflichen Einleitungen und пожалуйста pashálßta *bitte*:

Прости / простите, пожалуйста, ...!
Praßt'í / praßt'ít'i, pashálßta, ...!
Verzeihe / Verzeihen Sie, bitte, ...!
Извини / извините ...!
Isw'in'í / isw'in'ít'i ...!
Entschuldige / Entschuldigen Sie ...!
Скажи / скажите ...!
ßkashý / ßkashýt'i ...!
Sag / Sagen Sie ...!

Покажи / покажите ...!		
Pakashý / pakashýt'i ...!		
Zeig / Zeigen Sie ...!		
Разреши / разрешите ...!		
Rasr'ischý / rasr'ischýt'i ...!		
Gestatte / Gestatten Sie ...!		

Bindewörter

Die Bindewörter werden genauso wie im Deutschen verwendet:

и	**í**	und / auch
как	**kák**	wie
а / но	**á / nó**	aber
или; или ... или	**íl'i; íl'i ... íl'i**	oder; entweder ... oder
ни ... ни	**n'í ... n'í**	weder ... noch
когда	**kagdá**	als *(zeitl.)*
если	**jéßl'i**	falls / wenn
что	**schtó**	dass
чтобы	**schtóby**	um zu / dass
тогда / потом	**tagdá / patóm**	dann
потому что	**patamú-schto**	weil
по этому	**pa-étamu**	deshalb

Он сказал, что он придёт сегодня.
Ón ßkasál, schtó ón pr'id'ót ß'iwódn'a.
er sagte(m) dass er (er-)kommt(v) heute
Er hat gesagt, dass er heute kommen wird.

Или сегодня или завтра придёт моя семья.
Íl'i ß'iwódn'a íl'i sáftra pr'id'ót majá ß'imjá
oder heute oder morgen (sie-)kommt meine Familie
Meine Familie kommt entweder heute oder
morgen her.

Идите прямо, потом налево.
Id'ít'i pr'áma, patóm nal'éwa!
geht(!) geradeaus dann links
Gehen Sie geradeaus, dann links!

Die sechs Fälle

Im Russischen werden, wie im Deutschen
auch, Haupt- und Eigenschaftswörter, Fürwörter und sogar Zahlen gebeugt. Hier soll
nur die Beugung der Hauptwörter und der
persönlichen Fürwörter erklärt werden.

Insgesamt gibt es sechs Fälle im Russischen.
Der Gebrauch des 1. bis 4. Falls ist dem Gebrauch im Deutschen sehr ähnlich.

1. Fall = Nominativ	Werfall	wer? / was?	„der Freund"
2. Fall = Genitiv	Wesfall	wessen?	„des Freundes"
3. Fall = Dativ	Wemfall	wem?	„dem Freund"
4. Fall = Akkusativ	Wenfall	wen? / was?	„den Freund"
5. Fall = Instrumental		mit wem?	„mit dem Freund"
6. Fall = Präpositiv		wo? / worüber?	„auf dem Tisch"

Damit man erkennt, um welchen Fall es sich
handelt, ist in der Wort-für-Wort-Überset-

zung die Fall-Angabe hinter dem gebeugten Wort als hochgestellte Zahl ergänzt.

1. Fall (Nominativ)

Der 1. Fall ist das ungebeugte Wort. In dieser Form stehen Hauptwörter im Wörterbuch.

2. Fall (Genitiv)

Mit dem 2. Fall drückt man Besitzverhältnisse aus, z. B. „die Schwester der Mutter".

автомашина друга
aftamaschýna drúga
Auto Freund[2]
Auto des Freundes

книга подруги
kn'íga padrúg'i
Buch Freundin[2]
Buch der Freundin

три килограмма
tr'í k'ilagráma
drei Kilo[2]
drei Kilo

пять литров бензина
p'át' l'ítraf b'ins'ína
fünf Liter(Mz)[2] *Benzin*[2]
fünf Liter Benzin

Сколько литров?
ßkól'ka l'ítraf?
wie-viel Liter(Mz)[2]
Wie viele Liter?

несколько друзей
n'éßkal'ka drus'éj
einige Freunde[2]
einige Freunde

много туристов
mnóga tur'íßtaf
viele Touristen[2]
viele Touristen

Откуда вы?
Atkúda wý?
woher ihr
Woher sind Sie?

Nach einigen Zahlen und nach unbestimmten Mengenangaben steht das gezählte Hauptwort im 2. Fall.

Eine ganze Reihe von Verhältniswörtern verlangt den 2. Fall für die von ihnen abhängigen Haupt-, Eigenschafts- und Fürwörter. Insbesondere steht der 2. Fall dabei im Zusammenhang mit der Frage „woher?".

Die sechs Fälle

Я из Москвы.
Já is-Maßkwý.
ich aus Moskau[2]
Ich bin aus Moskau.

Я из города Билефельд.
Já is-górada B'il'if'él't.
ich aus Stadt[2] Bielefeld
Ich bin aus Bielefeld.

от Москвы до Новгорода
at-Maßkwý da-Nówgarada
von Moskau[2] bis Nowgorod[2]
von Moskau bis (nach) Nowgorod

у меня
u-m'in'á
bei mir[2]
ich habe

3. Fall (Dativ)

Der 3. Fall steht vor allem bei so wichtigen Verben wie „geben", „helfen", „sagen" usw.

Я дал / дала другу книу.
Já dál / dalá drúgu kn'ígu.
ich gab(m/w) Freund[3] Buch[4]
Ich habe dem Freund das Buch gegeben.

Я пишу подруге.
Já p'ischú padrúg'i.
ich (ich-)schreibe Freundin[3]
Ich schreibe der Freundin.

4. Fall (Akkusativ)

Der 4. Fall gibt wie im Deutschen die direkte Satzergänzung (Objekt) wieder.

Я вижу друга.
ich (ich-)sehe Freund[4]

Já w'íshu drúga.
Ich sehe den / einen Freund.

Я писал / писала открытку.
Já p'ißál / p'ißála atkrýtku.
ich schrieb(m/w) Postkarte[4]
Ich schrieb eine Postkarte.

Он читает книгу.	Он читает книги.
Ón tsch'itájit knígu.	**Ón tsch'itájit kníg'i.**
er (er-)liest Buch[4]	*er (er-)liest Bücher[4]*
Er liest ein / das Buch.	Er liest Bücher.

Я еду в Москву.
Já jédu w-Maßkwú
ich (ich-)fahre nach-Moskau[4]
Ich fahre nach Moskau.

5. Fall (Instrumental)

Der 5. Fall existiert im Deutschen nicht. Er kennzeichnet das Instrument, mit dem die Handlung bewirkt wird. Das kann ein Gegenstand oder auch eine Person sein. Der 5. Fall antwortet auf die Fragen „womit?" bzw. „mit wem?". Er steht nach bestimmten Verben, z. B. заниматься san'imátza *sich beschäftigen mit* sowie nach bestimmten Verhältniswörtern.

Я занимаюсь музыкой.
Já san'imájuß' músykaj.
ich (ich-)beschäftige-sich Musik[5]
Ich beschäftige mich mit Musik.

Я говорю с другом.
Já gawar'ú s-drúgom.
ich (ich-)spreche mit-Freund[5]
Ich spreche mit einem Freund.

6. Fall (Präpositiv)

Der 6. russische Fall ist im Deutschen ebenfalls nicht bekannt. Er steht immer nach Verhältniswörtern. Oft antworten diese auf die Frage „wo?" (dienen also als Ortsangaben).

Я живу в Германии.
Já shywú w-G'irmán'ii.
ich (ich-)wohne in-Deutschland[6]
Ich wohne in Deutschland.

Я был / была в школе.
Já býl / bylá f-schkól'i.
ich war(m/w) in-Schule[6]
Ich war in der Schule.

В городе есть кино.
W-górad'i jéßt' kinó.
in-Stadt[6] es-gibt Kino
In der Stadt gibt es ein Kino.

Он рассказывает о каникулах.
Ón raßkázywajit a-kan'íkulach.
er (er-)erzählt über Ferien[6]
Er erzählt von den Ferien.

Beugung der Hauptwörter

Das Beugungssystem ist im Russischen ziemlich kompliziert, da es nicht nur in männlich, weiblich und sächlich eingeteilt wird, sondern auch zwischen belebten (z. B. „Bruder") und unbelebten Hauptwörtern (z. B. „Theater") unterschieden wird, und auch danach, ob die Endung weich (-я) (-ja) oder hart (-a) (-a) ist. Bis auf eine Ausnahme sind hier nur die harten Formensätze dargestellt. Für die Übersichtlichkeit sind die Beugungsendungen hier mit einem Bindestrich abgetrennt dargestellt.

Beugung in der Einzahl

	männlich unbelebt	**männlich belebt**	**weiblich**	**weiblich auf -ь/-'**	**sächlich**
1.	театр **t'iátr**	брат **brát**	комната **kómnat-a**	тетрадь **t'itrát'**	место **m'éßt-a**
2.	тетра **t'iátr-a**	брата **brát-a**	комнаты **kómnat-y**	тетради **t'itrád'-i**	метса **m'éßt-a**
3.	тетру **t'iátr-u**	брату **brát-u**	комнате **kómnat'-i**	тетради **t'itrád-i**	месту **m'éßt-u**
4.	театр **t'iátr**	брата **brát-a**	комнату **kómnat-u**	тетрадь **t'itrát'**	место **m'éßt-a**
5.	тетром **t'iátr-am**	братом **brát-am**	комнатой **kómnat-aj**	тетрадью **t'itrád-ju**	местом **m'éßt-am**
6.	тетре **t'iátr-'i**	брате **brá'-i**	комнате **kómnat-'i**	тетради **t'itrád-'i**	месте **m'éßt-'i**
	Theater	**Bruder**	**Zimmer**	**Heft**	**Ort**

Der einzige Unterschied zwischen belebten und unbelebten männlichen Hauptwörtern besteht in der 4. Fall Einzahl: Ein belebtes männliches Hauptwort wird wie im 2. Fall gebeugt, während ein unbelebtes männliches Hauptwort wie im 1. Fall gebeugt wird.

Beugung in der Mehrzahl

	männlich	weiblich	weiblich, auf -ь/-'	sächlich
1.	театры **t'iátr-y**	комнаты **kómnat-y**	тетради **t'itrád'-i**	места **m'ißt-á**
2.	театров **t'iátr-af**	комнат **kómnat**	тетрадей **t'itrád'-ij**	мест **m'eßt**
3.	театрам **t'iátr-am**	комнатам **kómnat-am**	тетрадям **t'itrád'-am**	местам **m'ißt-ám**
4.	(= 1. *oder* 2.)	(= 1. *oder* 2.)	(= 1. *oder* 2.)	(= 1. *oder* 2.)
5.	театрами **t'iátr-ami**	комнатами **kómnat-ami**	тетрадями **t'itrád'-am'i**	местами **m'ißt-ám'i**
6.	театрах **t'iátr-ach**	комнатах **kómnat-ach**	тетрадях **t'itrád'-ach**	местах **m'ißt-ách**
	Theater *(Mz)*	**Zimmer** *(Mz)*	**Hefte**	**Orte**

Bezeichnet das Hauptwort ein Lebewesen, ist der 4. Fall mit dem 2. Fall identisch; ansonsten ist der 4. Fall mit dem 1. Fall identisch. (Unsere Beispiele sind alle unbelebte Hauptwörter; hier sind also 4. und 1. Fall identisch.)

Weibliche und sächliche Hauptwörter sind im 2. Fall Mehrzahl oft endungslos.

Beugung der persönlichen Fürwörter

Manche Beugungsformen von Fürwörtern sind Ihnen schon aus vorangehenden Kapiteln bekannt: 2. Fall (Kapitel „haben") у меня *u-m'in'á bei mir*, у тебя *u-t'ib'á bei dir* ...; 3. Fall (Kapitel „Modalverben") мне *mn'é mir*, тебе *t'ib'é dir* .... Der 4. Fall: ist mit dem 2. Fall identisch. Sie müssen also nur noch den 5. und 6. Fall hinzulernen.

1.	я	ты	он; оно	она
	já *ich*	**tý** *du*	**ón** *er*, **anó** *es*	**aná** *sie*
2. / 4.	меня	тебя	(н)его	(н)её
	m'in'á	**t'ib'á**	**jiwó (n'iwó)**	**jijó (n'ijó)**
3.	мне	тебе	(н)ему	(н)ей
	mn'é	**t'ib'é**	**jimú (n'imú)**	**jéj (n'éj)**
5.	мной	тобой	(н)им	(н)ею
	mnój	**tabój**	**ím (n'ím)**	**jéju (n'éju)**
6.	мне	тебе	нём	ней
	mn'é	**t'ib'é**	**n'óm**	**n'éj**
1.	мы	вы	они	сам
	mý *wir*	**wý** *ihr*	**an'í** *sie*	**(ßám)** *sich*
2. / 4.	нас	вас	(н)их	себя
	náß	**wáß**	**ích (n'ích)**	**ß'ib'á**
3.	нам	вам	(н)им	себе
	nám	**wám**	**ím (n'ím)**	**ß'ib'é**
5.	нами	вами	(н)ими	собой
	nám'i	**wám'i**	**ím'i (n'ím'i)**	**ßabój**
6.	нас	вас	них	себе
	náß	**wáß**	**n'ích**	**ß'ib'é**

Das (н) (n') wird mit Präpositionen verwendet. Zum Beispiel:

её пальто / у неё в гостях.
jijó pal'tó / u n'ijò f-gaßt'ách
ihr Mantel / bei ihr zu Hause

им гордиться / с ним играть
im gard'ítza / ß-n'ím igrát'
auf ihn stolz sein / mit ihm spielen

Я люблю тебя.
Já l'ubl'ú t'ib'á.
ich (ich-)liebe dich[4]
Ich liebe dich.

Это мне очень нравиться.
Éta mn'é ótsch'in' nráw'itza.
das mir[3] *sehr (es-)gefällt-sich*
Das gefällt mir sehr.

Die sechs Fälle

у него	у неё	между ними
u-n'iwó	**u-n'ijó**	**m'éshdu n'ím'i**
bei ihm[2]	*bei ihr[2]*	*unter ihnen[5]*
er hat	sie hat	unter ihnen

Typisch ist der Ausdruck für „ich und du".

мы с тобой	мы с вами
mý ß-tabój	**mý ß-wám'i**
wir mit-dir[5]	*wir mit-euch[5]*
ich und du	ich / wir und ihr (Sie)

про себя	у себя
pra-ß'ib'á	**u-ß'ib'á**
für sich[2]	*bei sich[2]*
leise	bei sich zu Hause

Das rückbezügliche Fürwort wird nicht nur in der 3. Person verwendet, sondern immer dann, wenn eine Satzergänzung (Objekt) mit dem Satzgegenstand (Subjekt) identisch ist.

Он купил мне книгу.
Ón kup'íl mn'é kn'ígu.
er kaufte(m) mir[3] Buch[4]
Er hat mir ein Buch gekauft.

Я купил / купила себе книгу.
Já kup'íl / kup'íla ß'ib'é knígu.
ich kaufte(m/w) sich[3] Buch[4]
Ich habe mir selbst ein Buch gekauft.

Verneinung

Verben werden mit vorangestelltem не n'é *nicht* verneint. Oft steht auch noch нет n'ét *nein* zur Verstärkung am Beginn des verneinten Satzes:

Die Wortreihenfolge im verneinten Satz verändert sich nicht, nur das Verneinungswort steht an einer anderen Position als im Deutschen.

Нет, я не понимаю.
N'ét, já n'é pan'imáju.
nein ich nicht (ich-)verstehe
Nein, ich verstehe nicht.

Я не получил / получила письмо.
Já n'é palutsch'íl / palutsch'íla p'iß'mó.
ich nicht erhielt(m/w) Brief[1]
Ich habe den Brief nicht erhalten.

Я не получил / получила письмо.
Dá n'ét!   **Kómnata mn'é n'é nráw'itza.**
ja nein   *Zimmer mir[3] nicht (es-)gefällt-sich*
Nicht doch!   Das Zimmer gefällt mir nicht.

besondere Verneinungen

Auch bei speziellen Verneinungswörtern verneint man die Satzaussage noch mit не n'e.

никто, никого	**n'iktó, n'ikawó**	niemand
ничто, ничего	**n'ischtó, n'itsch'iwó**	nichts
никогда	**n'ikagdá**	niemals
нигде	**n'igd'é**	nirgendwo, nirgends
никуда	**n'ikudá**	nirgendwohin

Verneinung

*In der Umgangs-
sprache bedeutet
ничего! n'itsch'iwó!
so viel wie „Macht
nichts!". Grammatisch
gesehen ist es eine
Form im 2. Fall.*

Ничего не поделаешь!
N'itsch'iwó n'é pad'élajisch!
nichts² nicht (du-)wirst-machen(v)
Da kann man eben nichts machen!

Ничего нет.
N'itsch'iwó n'ét.
nichts² nicht
Es gibt nichts.

Я никого не видел / видела.
Já n'ikawó n'é w'íd'il / w'íd'ila.
ich niemanden²/⁴ nicht sah(m/w)
Ich habe niemanden gesehen.

Я нигде не мог / могла купить пиво.
Já n'igd'é n'é mok / maglá kup'ít' p'íwa.
nirgends ich nicht konnte(m/w) kaufen(v) Bier⁴
Nirgends konnte ich Bier kaufen.

Verneinung von „sein" und „haben"

Bekannterweise haben im Russischen Sätze, in denen im Deutschen das Verb „sein"(+ Eigenschafts- oder Hauptwort) steht, in der Gegenwartszeit überhaupt kein Verb. Solche Sätze werden mit нет n'ét verneint.

*Zur Erinnerung:
Das Russische verwendet an dieser Stelle
die Konstruktion
„bei mir, bei dir" usw.*

Ebenso werden Sätze, in denen im Deutschen das Verb „haben" steht, in der Gegenwartszeit mit нет n'ét verneint. Ein Hauptwort, das dabei als Satzergänzung (Objekt) dient, wird dann allerdings im 2. Fall gebeugt.

Нигде нет хлеба.
N'igd'é n'ét chl'éba.
nirgendwo gibt-nicht Brot²
Nirgends gibt es Brot.

У меня нет времени.
U-m'in'á n'ét wr'ém'in'i.
bei mir² gibt-nicht Zeit²
Ich habe keine Zeit.

Eine wortgetreue Übersetzung ins Deutsche verlangt hier ebenfalls das Verb „sein", das im Russischen in der Gegenwartszeit eben wegfällt.

In der Vergangenheits- und Zukunftszeit werden „sein" und „haben" wie alle Verben mit vorangestelltem не n'é verneint. Ein Hauptwort als Satzergänzung steht dabei im 2. Fall.

Нигде не было хлеба.
N'igd'é n'é-byla chl'éba.
nirgendwo nicht-war Brot²
Nirgends gab es Brot.

У меня не будет времени.
U-m'in'á n'i-búd'it wrém'in'i.
bei mir² nicht (es-)wird-sein Zeit²
Ich werde keine Zeit haben.

Nikolai-Korzhov@Fotolia.com

▧ Kein Anglerlatein!

Verhältniswörter

Wie im Deutschen ziehen auch im Russischen Verhältniswörter bestimmte Fälle nach sich. Abhängige Hauptwörter usw. müssen also entsprechend gebeugt werden.

mit dem 2. Fall stehen:

без	**b'eß**	ohne	от	**ot**	von ... weg
для	**dl'a**	für	после	**póßl'i**	nach *(Zeit)*
до	**do**	bis	против	**prót'if**	gegenüber
из	**iß**	aus	с	**ß**	von ... an
кроме	**króm'i**	außer	у	**u**	bei *(Ort)*
около	**ókala**	um	вместо	**wm'éßta**	anstatt

из любви
is-l'ubw'í
aus Liebe[2]
aus Liebe

от города
at-górada
von-weg Stadt[2]
von der Stadt weg

после обеда
póßl'i ab'éda
nach Mittagessen[2]
nachmittags

с утра
ß-utrá
von-an-morgens[2]
von morgens an

до отхода поезда
da-atchóda pójisda
bis Abfahrt[2] Zug[2]
bis zur Abfahrt des Zuges

у родителей
u-rad'ít'il'ej
bei Eltern[2]
bei den Eltern

mit dem 3. Fall stehen:

благодаря	**blagadar'á**	dank
по	**po**	durch, auf, über, entlang
к	**k**	zu, nach *(Richtung)*

Мы гуляли по улицам.
Mý gul'ál'i pa-úl'izam.
wir spazierten(Mz) durch Straßen[3]
Wir spazierten durch die Straßen.

Я иду к другу.
Já idú g-drúgu.
ich gehe zu-Freund[3]
Ich gehe zu dem / einem Freund.

mit dem 4. Fall stehen:

в	**w / f**	in, nach *(Ort)*; am *(Zeit)*
через	**tsch'ér'iß**	innerhalb von / in *(Zeit)*; über / durch *(Ort)*
на	**na**	in / auf *(Ort)*; in *(Zeit)*
по	**po**	bis ... einschließlich

через улицу
tsch'ér'iß úl'izu
über Straße[4]
über die Straße

через два часа
tsch'ér'iß dwá tsch'ißá
innerhalb zwei Stunden[2]
innerhalb von zwei Stunden

Я еду в Москву.
Já jédu w-Maßkwú.
ich (ich-)fahre nach-Moskau[4]
Ich fahre nach Moskau.

в среду
f-ßr'édu
am-Mittwoch[4]
am Mittwoch

Я кладу книгу на стол.
Já kladú kní̱gu na-ßtól.
ich (ich-)lege Buch⁴ auf Tisch⁴
Ich lege das Buch auf den Tisch.

по июль
pa-ijúl'
bis Juli⁴
bis einschließlich Juli

mit dem 5. Fall stehen:

перед	**p'ér'it**	vor *(Ort)*	над	**nat**	über *(Ort)*
между	**m'éshdu**	zwischen	с	**ß**	mit

перед домом
p'ér'it dómam
vor Haus⁵
vor dem Haus

Лампа висит над столом
Lámpa w'iß'it nat-ßtalóm.
Lampe (sie-)hängt über Tisch⁵
Die Lampe hängt über dem Tisch.

между народами
m'éshdu naródam'i
zwischen Völkern⁵
zwischen den Völkern

с подругой / с другом
ß-padrúgoj / s-drúgom
mit-Freundin⁵ / Freund⁵
mit einer Freundin / einem Freund

mit dem 6. Fall stehen:

при	**pri**	bei	о	**o**	über
в	**w / f**	in, nach *(Ort)*	на	**na**	auf, an *(Ort)*

При доме находится сад.
Pr'i-dóm'i nachód'itza ßát.
bei Haus⁶ (er-)befindet-sich Garten
Am Haus befindet sich ein Garten.

Он живёт в Москве.
Ón shyw'ót w-Maßkw'é.
er (er-)wohnt in-Moskau⁶
Er wohnt in Moskau.

Санкт Петербург лежит на Неве.
ßánkt P'it'irbúrk l'ishýt na-N'iw'é.
Sankt Petersburg (es-)liegt an Newa⁶
Sankt Petersburg liegt an der Newa.

Я учусь в университете.
Já utschúß' w-uniw'irß'it'ét'i.
ich (ich-)lerne-sich an-Universität⁶
Ich studiere an der Universität.

An viele Verhältniswörter wird ein die Aussprache erleichternd-es -o angehängt, wenn das nachfolgende Wort mit zwei oder mehreren Mitlauten anfängt:

во всех странах мира
wa-fß'éch ßtránach m'íra
in allen⁶ Ländern⁶ Welt²
in allen Ländern der Welt

Fragen

Eine Entscheidungsfrage wird mit да dá *ja* oder нет n'ét *nein* beantwortet. Sie wird ohne Fragewörter gebildet. Die Wortstellung bleibt zumeist wie im jeweiligen Aussagesatz. Im Russischen erkennt man solche Fragen leicht am Tonfall.

Он был в театре?
Ón býl f-t'iátr'i?
er war(m) in-Theater⁶
War er im Theater?

Да он был в театре.
Dá, ón býl f-t'iátr'i.
ja er war(m) in-Theater⁶
Ja, er war im Theater.

Fragen

Fragen haben leicht ansteigende Betonung bei dem Satzglied, worauf die Frage zeigt:

Вы были у него?
Wý býl'i u-n'iwó?
wart(Mz) ihr bei ihm[2]
Waren Sie bei ihm?

Да, я был / была у него.
Dá, já býl / bylá u-n'iwó.
ja ich war(m/w) bei ihm[2]
Ja, ich war bei ihm.

Поезд уехал?
Pójißt ujéchal?
fuhr-ab(m, v) Zug
Ist der Zug weg?

Да, поезд уехал.
Dá, pójißt ujéchal.
ja Zug fuhr-ab(v, v)
Ja, der Zug ist weg.

У вас есть комната?
U-wáß jéßt' kómnata?
bei euch[2] es-gibt Film
Haben Sie einen Film?

Нет, у меня нет комнаты.
Njét, u-m'in'á n'ét kómnaty.
nein bei mir[2] es-gibt-nicht Film[2]
Nein, ich habe keinen Film.

Вы курите?
Wý kúr'it'i?
(ihr-)raucht-ob ihr
Rauchen Sie?

Ergänzungsfragen

огда; с каких пор	**kagdá; ß-kak'ích pór**	wann; seit wann
какой; который	**kakój; katóryj**	welcher; was für ein
у кого	**u-kawó**	bei wem (= wer hat?)
почему	**patsch'imú**	warum
сколько	**ßkól'ka**	wie viel
где; откуда	**gd'é; atkúda**	wo; woher
куда; как	**kudá; kák**	wohin; wie
сколько раз	**ßkól'ka ráß**	wie oft

Das Hauptwort, das auf сколько ßkól'ka folgt, wird im
2. Fall gebeugt.

Folgende zwei Fragewörter werden wie Eigenschaftswörter gebeugt:

какой	какая	какое	какие
kakój *m*,	**kakája** *w*,	**kakóji** *s*,	**kak'íji** *Mz*
	welcher		
который	которая	которое	которые
katóryj *m*,	**katóraja** *w*,	**katóraji** *s*,	**katóryji** *Mz*
	was für ein		

какое человек?   какая женщина?
kakój tsch'ilaw'ék?   **kakája shénschsch'ina?**
welcher Mann?   welche Frau?

Beugungsformen der beiden wichtigsten Fragewörter

1.	кто	**któ**	wer	что	**schtó**	was
2.	кого	**kawó**	wessen	чего	**tsch'iwó**	wovon
3.	кому	**kamú**	wem	чему	**tsch'imú**	womit
4.	кого	**kawó**	wen	что	**schtó**	was
5.	кем	**k'ém**	mit wem	чем	**tsch'ém**	womit
6.	о ком	**a-kóm**	über wen	о чём	**a-tsch'óm**	worüber

Куда ведёт эта дорога?
Kudá w'id'ót éta daróga?
wohin (er-)führt dieser Weg
Wohin führt dieser Weg?

Где находится собор?
Gd'é nachód'itza ßabór?
wo (sie-)befindet-sich Kathedrale
Wo befindet sich die Kathedrale?

Как пройти на почту?
Kák prajt'í na-pótsch'tu?
wie (es-)geht-hin(v) auf Post[4]
Wie komme ich zur Post?

У кого есть два лишних билета?
U-kawó jéß't' dwá l'íschn'ich b'il'éta?
bei wem[2] es-gibt zwei überzählige[2] Karten[2]
Wer hat zwei Karten übrig?

Когда начинается представление?
Kagdá natsch'inájitza pr'itßtawl'én'iji?
wann (sie-)beginnt-sich Vorstellung
Wann beginnt die Vorstellung?

Когда вы идёте домой?
Kagdá wý id'ót'i damój?
wann ihr (ihr-)geht nach-Hause
Wann gehen Sie nach Hause?

Куда вы едите?
Kudá wý jéd'it'i?
wohin ihr (ihr-)fahrt
Wohin fahren Sie?

Что тебе нравиться?
Schtó t'ib'é nráw'itza?
was dir (es-)gefällt-sich
Was gefällt dir?

Как вас зовут?
Kák wáß sawút?
wie euch (sie-)nennen
Wie heißen Sie?

Кто это?
Któ éta?
wer dieses
Wer ist das?

Что это?
Schtó éta?
was dieses
Was ist das?

Кто там?
Któ tám?
wer dort
Wer ist dort?

Что там?
Schtó tám?
was dort
Was ist dort?

Что случилось?
Schtó ßlutsch'ílaß'?
was geschah(s)-sich
Was ist los?

Trifft man alte Bekannte oder Freunde:

Кого я вижу!
Kawó já w'íshu!
wen[4] ich (ich-)sehe
Wen sehe ich denn da!

In der Umgangssprache wird häufig чего tsch'iwó (2. Fall) anstelle von что schtó in der Bedeutung „Was?", „Wie bitte?", „Was gibt"s?" gebraucht.

Zahlen & Zählen

Die Zahlwörter 1 und 2 (ebenso 21, 22, 31, 32 usw.) richten sich wie Eigenschaftswörter nach dem Geschlecht des dazugehörigen Hauptwortes. Alle anderen Zahlen sind im Geschlecht unveränderlich. Die Zahlen von 10 bis 19 endet immer auf -надцать -názat'.

Die Weichheitszeichen sind nur dann hörbar, wenn die Zahl für sich allein gesprochen wird oder als letztes Wort am Satzende steht. Im Satz oder innerhalb einer zusammengesetzten Zahl kann man sie nicht mehr hören.

0	ноль	**nól'**
1	один, одна, одно	**ad'ín** *m*, **adná** *w*, **adnó** *s*
2	два / две	**dwá** *m / s*, **dw'é** *w*
3	три	**tr'í**
4	четыре	**tsch'itýr'i**
5	пять	**p'át'**
6	шесть	**schéßt'**
7	семь	**ß'ém'**
8	восемь	**wóß'im'**
9	девять	**d'éw'it'**
10	десять	**d'éß'it'**
11	одиннадцать	**ad'ínnazat'**
12	двенадцать	**dw'inázat'**
13	тринадцать	**tr'inázat'**
14	четырнадцать	**tsch'itýrnazat'**
15	пятнадцать	**p'itnázat'**
16	шестнадцать	**schyßnázat'**
17	семнадцать	**ß'imnázat'**
18	восемнадцать	**waß'imnázat'**
19	девятнадцать	**d'iw'itnázat'**
20	двадцать	**dwázat'**

10	десять	**d'éß'it'**
20	двадцать	**dwázat'**
30	тридцать	**tr'ízat'**
40	сорок	**ßórak**
50	пятьдесят	**p'id'iß'át**
60	шестьдесят	**schyßd'iß'át**
70	семьдесят	**ß'émd'iß'it**
80	восемьдесят	**wóß'imd'iß'it**
90	девяносто	**d'iw'inóßta**
100	сто	**ßtó**
200	двести	**dw'éß't'i**
300	триста	**tr'íßta**
400	четыреста	**tsch'itýr'ißta**
500	пятьсот	**p'itßót**
1.000	тысяча	**týß'itsch'a**
10.000	десять тысяч	**déß'it' týß'itsch'**
100.000	сто тысяч	**ßtó týß'itsch'**
1.000.000	один миллион	**ad'ín m'ill'ión**

Zahlen setzt man zusammen nach dem Schema: *Tausender – Hunderter – Zehner – Einer.*

21	двадцать один	**dwázat' ad'ín**	*zwanzig eins*
22	двадцать два	**dwázat' dwá**	*zwanzig zwei*
121	сто двадцать один	**ßtó dwázat' ad'ín**	*hundert zwanzig eins*
2333	две тысячи триста тридцать три		

dw'é týß'itsch'i tr'íßta tr'ízat' tr'í
zwei tausend² dreihundert dreißig drei

Zählen

Beim Zählen steht паз *ráß „(ein)mal"* *oft anstelle von* паз ad'ín *„eins"*

Раз, два, три!
Ráß, dwá, tr'í!
mal zwei drei
Eins, zwei, drei!

один рубль
ad'ín rúbl'
ein(m) Rubel
ein Rubel

Das zu zählende Hauptwort muss je nach Zahlwort in einem bestimmten Fall gebeugt werden:
Das Zahlwort 1 (21, 31, 41 ...) verlangt den 1. Fall Einzahl (sofern der Ausdruck als Satzgegenstand fungiert oder für sich allein steht), die Zahlwörter 2, 3, 4 (bzw. 22–24, 32–34 ...) verlangen den 2. Fall Einzahl, und die Zahlwörter 5–20 (bzw. 25–30, 35–40 ...) verlangen den 2. Fall Mehrzahl. Die letztgenannten verhalten sich also wie Mengenangaben.

одна машина
adná maschýna
eine(w) Auto
ein Auto

одно место
adnó aknó
ein(s) Fenster
ein Fenster

два рубля
dwá rubl'á
zwei(m) Rubel(Ez)[2]
zwei Rubel

две машины
dw'é maschýny
zwei(w) Auto(Ez)[2]
zwei Autos

два окна
dwá akná
zwei(s) Fenster(Ez)[2]
zwei Fenster

семнадцать рублей
ß'imnázat' rubl'éj
siebzehn Rubel(Mz)[2]
17 Rubel

шесть машин
schéßt' maschýn
sechs Autos(Mz)[2]
sechs Autos

Altersangabe

Сколько тебе / вам лет?
ßkól'ka t'ib'é / wám l'ét?
wie-viel dir[3] / euch[3] Sommer(Mz)[2]
Wie alt bist du / sind Sie?

Мне двадцать один год.
Mn'é dwázat' ad'ín gót.
mir³ zwanzig ein(m) Jahr
Ich bin 21 Jahre alt.

Мне тридцать два года.
Mn'é tr'ízat dwá góda.
mir³ dreißig zwei Jahr(Ez)²
Ich bin 32 Jahre alt.

Ему пятьдесят лет.
Jimú p'id'iß'át l'ét.
ihm³ fünfzig Sommer(Mz)²
Er ist 50 Jahre alt.

Bei der Angabe des Alters verwendet man für die Zahl(en) 1 (21, 31 usw.) год gót *„Jahr", für 2, 3, 4 (22–24, 32–34 usw.)* года góda *„des Jahres", für 5–20 (25–30 usw.)* лет l'ét *(wörtl.: „der Sommer" = 2. Fall Mz).*

Ordnungszahlen

Jede hat eine männliche, weibliche, sächliche und eine Mehrzahl-Form. Sie richten sich in Zahl und Geschlecht nach dem Hauptwort.

1.	первый	**p'érwyj**
2.	второй	**ftarój**
3.	третий	**tr'ét'ij**
4.	четвёртый	**tsch'itw'órtyj**
5.	пятый	**p'átyj**
6.	шестой	**schyßtój**
7.	седьмой	**ß'id'mój**
8.	восьмой	**waß'mój**
9.	девятый	**d'iw'átyj**
10.	десятый	**d'iß'átyj**
11.	одиннадцатый	**ad'ínnazatyj**
12.	двенадцатый	**dw'inázatyj**

Für 11–19 ersetzt man -надцать -názat' durch -надцатый -názatyj.	20. двадцатый	**dwázatyj**
	30. тридцатый	**tr'izátyj**
	40. сороковой	**ßarakawój**
	50. пятидесятый	**p'it'id'iß'átyj**
	60. шестидесятый	**schyßt'id'iß'átyj**
	70. семидесятый	**ß'im'id'iß'átyj**
	80. восьмидесятый	**waßm'id'iß'átyj**
	90. девяностый	**d'iw'inóßtyj**
	100. сотый	**ßótyj**

Bei den zweistelligen Ordnungszahlen steht zuerst der Zehner als Grundzahl und danach der Einer als Ordnungszahl.	двадцать первый **dwázat' p'érwyj** zwanzig erster einundzwanzigster	тридцать второй **tr'izat' ftarój** dreißig zweiter zweiunddreißigster

Zeit & Datum

Erst einmal die allgemeinen Zeitangaben (vielfach Umstandswörter) auf einen Blick:

вчера; сегодня	**ftsch'irá; ß'iwódn'a**	gestern; heute
завтра; послезавтра	**sáftra; póßl'i-sáftra**	morgen; übermorgen
утро; день	**útra; d'én'** *m*	der Morgen; der Tag
вечер; ночь	**w'étsch'ir; nótsch'** *w*	der Abend; die Nacht
утром; в полдень	**útram; fpóld'in'**	morgens; mittags
после обеда	**póßl'i ab'éda**	nachmittags
вечером	**w'étsch'iram**	abends
ночью; днём	**nótsch'ju; dn'óm**	nachts; tagsüber

ежедневно	**jishydn'éwna**	täglich
сегодня утром	**ß'iwódn'a útram**	heute morgen
вчера вечером	**ftsch'irá w'étsch'iram**	gestern abend
завтра утром	**sáftra útram**	morgen früh
завтра вечером	**sáftra w'étsch'iram**	morgen abend
рано; поздно	**rána; pósna**	früh (zeitig); spät
раньше; позже	**rán'schy; póshshy**	früher; später
сейчас; никогда	**ß'itscháß, n'ikagdá**	jetzt; nie
иногда; часто	**inagdá, tsch'áßta**	manchmal; oft
скоро; недавно	**skóra; n'idáwna**	bald; vor kurzem
...тому назад; после	**... tamú nasát; póßl'i**	vor ...; nach

три дня тому назад
tr'í dn'á tamú nasát
drei Tag² jenem³ rückwärts
vor drei Tagen

три дня подряд
tr'í dn'á padr'át
drei Tag² in Reihe
drei Tage lang

через день / неделю / год
tsch'ér'iß d'én' / n'id'él'u / gót
in Tag⁴ / Woche⁴ / Jahr⁴
in einem Tag / einer Woche / einem Jahr

Uhrzeit

час	минута	секунда
tsch'áß	**m'inúta**	**ß'ikúnda**
Stunde	Minute	Sekunde

по-московскому времени
pa-maßkófßkamu wr'ém'in'i
(nach) Moskauer Zeit

Beantwortet man die Frage nach der Uhrzeit, muss man wie beim Zählen beachten, dass je nach dem Zahlwort час tsch'áß „Stunde / Uhr" gebeugt werden muss.

Который час?
Katóryj tsch'áß?
welche Stunde
Wie spät ist es?

Ноль часов
nól' tsch'ißóf
null Stunden(Mz)[2]
0 (= 24) Uhr

(один) час
(ad'ín) tsch'áß
eins(m) Stunde
1 Uhr

два / три / четыре часа
dwá / trí / tsch'itýr'i tsch'ißá
zwei / drei / vier Stunde(Ez)[2]
2 / 3 / 4 Uhr

пять / ... / двадцать часов
p'át' / ... / dwázat' tsch'ißóf
fünf / ... / zwanzig Stunden(Mz)[2]
5 / ... / 20 Uhr

двацать один час
dwázat' ad'ín tsch'áß
zwanzig eins(m) Stunde
21 Uhr

двадцать два / три / четыре часа
dwázat' dwá / trí / tsch'itýr'i tsch'iß'á
zwanzig zwei / drei / vier Stunde(Ez)[2]
22 / 23 / 24 Uhr

Die Zeitangaben „Viertel nach", „Viertel vor", „halb", „zehn vor" usw. sind sehr kompliziert zu bilden. Deshalb behilft man sich am besten mit exakten Minutenangaben. Hierbei muss man beachten, dass bei der Minutenangabe auch минута *m'inúta* Minute je nach Zahlwort gebeugt wird: минуты *m'inúty* (2. Fall Einzahl), минут *m'inút* (2. Fall Mehrzahl). Allerdings kann, wie im Deutschen, „Minuten" auch ganz entfallen.

(в) час
(f-)tsch'áß
(um) Stunde
(um) 1 Uhr

(в) три часа пятнадцать минут
(f-)trí tsch'ißá p'itnázat' minút
(um) drei Stunde(Ez)² fünfzehn Minuten(Mz)²
(um) 3:15 Uhr

(в) десять часов сорок пять минут
(f-)d'éß'it' tsch'ißóf ßórak p'át' m'inút
(um) zehn Stunden(Mz)² vierzig fünf Minuten(Mz)²
(um) 10:45 Uhr

(в) двадцать два часа две минуты
(f-)dwázat' dwá tsch'ißá dw'é m'inúty
(um) zwanzig zwei Uhr(Ez)² zwei Minute(Ez)²
(um) 22:02 Uhr

Von den 24 Zeitzonen, in die die Erde eingeteilt ist, entfallen allein 11 Zeitzonen auf das riesige Russland. Das heißt, wenn man in Sankt Petersburg einen abendlichen Bummel macht, beginnt im östlichsten Teil des Landes schon der nächste Morgen (die Stadt Anadyr liegt auf dem gleichen Breitengrad wie Neuseeland und die Fidschi-Inseln). Die Zeitverschiebung zwischen der Moskauer und der Mitteleuropäischen Zeit beträgt zwei Stunden (18:00 in Deutschland = 20:00 in Moskau).

Jahreszeiten

весна **w'ißná** Frühling	осень **óß'in'** Herbst
лето **l'éta** Sommer	зима **s'imá** Winter

Zeit & Datum

Feiertage

праздник	**prásn'ik**	Feiertag
троица	**trójiza**	Pfingsten
пасха	**páßcha**	Ostern
рождество	**rashd'ißtwó**	Weihnachten
семейный праздник	**ß'im'éjnyj prásn'ik**	Familienfeier

первое января **p'érwaji janwar'á** 1. Januar
новый год **nówyj gót** Neujahrsfest
Mischung aus Weihnachten und Silvester
седьмое января **ß'id'mój janwar'á** 7. Januar,
Weihnachtsfest der russisch-orthodoxen Kirche
восьмое марта **waß'mój márta** 8. März,
Frauentag
первое и второе мая **p'érwaji í ftaróji mája** 1. / 2. Mai
Tage der Arbeit
девятое мая **d'iw'átaji mája** 9. Mai,
Tag des Sieges im Zweiten Weltkrieg
двенадцатое июня **dw'ináztataji ijún'a** 12. Juni,
Unabhängigkeitserklärung Russlands (1991)
седьмое ноября **ß'id'mój najibr'á** 7. / 8. November,
Oktoberrevolution

Wochentage

понедельник	вторник	среда	четверг
pan'id'éln'ik	**ftórn'ik**	**ßr'idá**	**tsch'itw'érk**
Montag	Dienstag	Mittwoch	Donnerstag
пятница	суббота	воскресенье	
p'átn'iza	**ßubóta**	**waßkr'iß'én'ji**	
Freitag	Samstag	Sonntag	

Monate

январь	**jinwár'**	Januar	июль	**ijúl'**	Juli
февраль	**f'iwrál'**	Februar	август	**áfgußt**	August
март	**mart**	März	сентябрь	**ß'int'ábr'**	September
апрель	**apr'él'**	April	октябрь	**akt'ábr'**	Oktober
май	**maj**	Mai	ноябрь	**najábr'**	November
июнь	**ijún'**	Juni	декабрь	**d'ikábr'**	Dezember

Alle Monatsnamen sind männlich.

Datum

Какое сегодня число?
Kakóji ß'iwódn'a tsch'ißló?
welches heute Datum
Welches Datum ist heute?

Сегодня девятое апреля.
ß'iwódn'a d'iw'átaji apr'él'a.
heute neuntes(s) April[2]
Heute ist der neunte April.

In der Antwort verwendet man die sächliche Ordnungszahl. Der Monat wird im 2. Fall Einzahl gebeugt. Wenn der Monatsname auf -т -t endet, sowie beim Mai, hängt man für den 2. Fall -a -a an, in allen anderen Fällen я -ja.

Сегодня девятое апреля.
ß'iwódn'a d'iw'átaji apr'él'a.
heute neuntes(s) April[2]
Heute ist der neunte April.

второе марта
ftaróji márta
zweites(s) März[2]
zweiter März

Maßeinheiten & Mengenangaben

Auch die Maßeinheiten und Mengenangaben werden gebeugt. Ihr Fall richtet sich nach der Zahl, die vor der Maßeinheit steht. Die so „gemessenen" Dinge stehen immer im 2. Fall.

один литр воды
ad'ín l'ítr wadý
ein Liter Wasser[2]
ein Liter Wasser

три литра воды
tr'í l'ítra wadý
drei Liter(Ez)[2] Wasser(Ez)[2]
drei Liter Wasser

много		немного	
mnóga	viel(e)	**n'imnóga**	einige
мало		немало	
mála	wenig(e)	**n'imála**	einige
сколько		несколько	
ßkól'ka	wie viel(e)	**n'éßkal'ka**	einige

Hauptwörter, die auf unbestimmte Mengenangaben folgen, stehen im 2. Fall Mehrzahl:

несколько друзéй
n'éßkal'ka drus'éj
einige Freunde(Mz)[2]
einige Freunde

много книг
mnóga kn'ik
viele Bücher(Mz)[2]
viele Bücher

сто грамм	
hundert Gramm(Mz)[2] **ßtó grám**	100 Gramm
один килограмм	
ein Kilogramm **ad'ín k'ilagrám**	1 Kilogramm

полкило **pól-k'iló**	1/2 Kilo	*halb-Kilo*
один литр **ad'ín l'ítr**	1 Liter	*ein Liter*
два литра **dwá l'ítra**	2 Liter	*zwei Liter(Ez)²*
пол-литра **pól-l'ítra**	1/2 Liter	*halb-Liter(Ez)²*
аодин метр **ad'ín m'étr**	1 Meter	*ein Meter*
сто метров **ßtó m'étraf**	100 Meter	*hundert Meter(Mz)²*
один километр **ad'ín k'ilam'étr**	1 Kilometer	*in Kilometer*
десять километров **d'éß'it' k'ilamétraf**	10 Kilometer	*zehn Kilometer(Mz)²*

одна штука **adná schtúka**	1 Stück
одна банка **adná bánka**	1 Dose / Einmachglas
одна пара **adná pára**	1 Paar
одна коробка **adná karópka**	1 Schachtel
один пакет **ad'ín pak'ét**	1 Tüte
половина **palaw'ína**	die Hälfte

filv@fotolia.com

Roter Platz in Moskau

Kurz-Knigge

Wenn man in einer russischen Großstadt wie Moskau oder St. Petersburg unterwegs ist, kann es vorkommen, dass Leute unfreundlich oder sogar mürrisch sind. Nehmen Sie es nicht persönlich. Sobald Sie aufrichtig versuchen, sie auf Russisch anzusprechen, erleben Sie eine unverfälschte russische Gastfreundlichkeit.

In Gesprächen mit Leuten soll man darauf achten, dass konservative Werte in Russland sehr verbreitet sind. Vermeiden Sie große politische Diskussionen. Sprechen Sie stattdessen über Urlaub und Reisen. Neuerdings hat jede russische Familie unvergessliche Eindrücke von den westlichen Resorts.

Wenn man in einer russischen Familie zu Gast ist, soll man Fotos der eigenen Verwandschaft auf jeden Fall dabei haben. Um einen guten Eindruck zu machen, empfiehlt es sich, viel und gerne zu essen. Vegetarier sollen darauf gefasst sein, dass es einer Legitimation bedarf, warum sie kein Fleisch essen. Sobald die Stimmung steigt, lieben es die Russen, ihre Meinung offen und direkt auszusprechen. So können Sie oft zu hören kriegen: Вы не правы! *Wý n'é práwy* (*Sie haben unrecht*). Das ist nur ein Teil der russischen Rhetorik und keine Beleidigung. Wenn Sie das alles mitgemacht haben, sind Sie der russischen Seele einen Schritt näher gekommen.

Handzeichen

Wenn man „auf russisch" per Anhalter fährt, hält man die Hand und den Arm langgestreckt schräg nach unten. Auch Taxen halten auf dieses Zeichen an.

Hält man die Faust geballt und den Daumen nach oben ausgestreckt, so wie es im Westen beim Trampen üblich ist, so bedeutet das „Super" (классно / клёво kláßna / kl'ówa). Stellt man sich aber so an die Straße, werden sich die Autofahrer fragen, warum man ihnen „Gute Fahrt!" wünscht.

Wird der Daumen zwischen dem Zeige- und Mittelfinger bei geballter Faust durchgestreckt, so ist das ein Zeichen für „keine Schnitte" (фиг f'ík). Vorsicht: Dieses Handzeichen ist anstößig und kann Leute beleidigen.

Namen & Anrede

Russische Personennamen bestehen aus Vornamen, Vatersnamen und Familiennamen. Der Vatersname wird für alle Kinder vom Vornamen des Vaters gebildet. Je nach Geschlecht des Kindes wird entweder eine weibliche oder männliche Endung an den Vatersnamen gehängt, ebenso an den Familiennamen (der weitervererbt wird).

имя	отчество	фамилия
ím'a	**ótsch'ißtwa**	**fam'íl'ija**
(Vorname)	(Vatersname)	(Familienname)
Дмитрий	Сергеевич	Песков
Dm'ítr'ij	**ß'irg'éjiw'itsch'**	**P'ißkóf**
Тамара	Сергеевна	Пескова
Tamára	**ß'irg'éjiwna**	**P'ißkòwa**

Lernt man Leute näher kennen, so wird man über die Vielfalt ihrer Vornamen verblüfft sein, mit denen sie von Freunden angeredet werden. Es handelt sich dabei aber einfach nur um Varianten ein- und desselben Vornamens. Die Vorliebe für Kosenamen ist eine russische „Spezialität", mit der sowohl Kinder als auch Erwachsene bedacht werden:

Александр = Саша / Шура	
Al'ikßándr = ßáscha / Schúra	
Владимир = Володя / Вова	
Wlad'ím'ir = Walód'a / Wówa	
Людмила = Люда / Люся / Мила	
L'udm'íla = L'úda / L'úß'a / M'íla	

Die höfliche Anredeform für eine oder mehrere Personen lautet im Russischen вы *wý* ihr / Sie.

Где вы живёте?
Gd'é wý shyw'ót'i?
wo ihr (ihr-)wohnt
Wo wohnt ihr / wohnen Sie?

Может быть мы перейдём на ты?
Móshyt být' mý p'ir'id'óm na-tý?
(es-)kann sein wir (wir-)gehen-über(v) auf du
Wollen wir uns nicht duzen?

Eine allgemein gültige Anrede mit „Frau" oder „Herr" gibt es im Russischen nicht. Eine auf Behörden, Ämtern oder beim Arzt übliche (sehr förmliche) Anrede für Einheimische (auf die der Familienname folgt) ist:

гражданин ...	**graschdan'ín ...**	Bürger ...
гражданка ...	**graschdánka ...**	Bürgerin ...
гражданин Песков	**graschdan'ín P'ißkof**	Bürger Peskov

Im Zweifelsfalle sollte man immer die höfliche Form der Anrede wählen, um nicht als arrogant missverstanden zu werden.

Folgende sehr förmliche Anrede ist üblich für Personen aus dem Ausland. Man kann damit aber auch Einheimische ansprechen.

господин ... **gaßpad'ín ...**	Herr ...
госпожа ... **gaßpashá ...**	Frau / Fräulein ...
госпожа Майер **gaßpashá Májir**	Frau / Fräulein Meyer

Im Dienstleistungsbereich gibt es besondere Anredemöglichkeiten: Junge Frauen können mit „Fräulein" angesprochen werden, Männer mit ihrer Berufsbezeichnung:

Девушка!	
D'éwuschka!	Fräulein! (= junges Mädchen)
Официант!	
Af'izánt!	Herr Ober!

Die zu Zeiten des Sozialismus übliche Anrede mit dem allseits bekannten Wort товарищ *taw'ár'isch' „Genosse, Genossin" wird praktisch nur noch in ironischer Bedeutung verwendet und sollte deshalb unbedingt vermieden werden.*

In Alltagssituationen (z. B. im Betrieb, vor der Haustür usw.) sprechen sich Russen untereinander mit Vornamen und Vatersnamen an, d. h. ohne zusätzliche Anrede wie „Herr" oder „Frau". Dabei wird die Höflichkeitsform beibehalten:

Здравствуйте, Тамара Сергеевна!
Sdráßtwujt'i, Tamára ß'irg'éjiwna!
Seien Sie gegrüßt, Tamara Sergejevna!

Floskeln & Redewendungen

Freundlichkeit wird auch in Russland groß geschrieben, wie man richtig „guten Tag" sagt und sich verabschiedet:

begrüßen & verabschieden

🎵	Доброе утро!	**Dóbraji útra!**	Guten Morgen!
🎵	Добрый день!	**Dóbryj d'én'!**	Guten Tag!
🎵	Добрый вечер!	**Dóbryj w'étsch'ir!**	Guten Abend!
🎵	Здравствуй!	**Sdráßtwuj!**	Sei gegrüßt!
🎵	Здравствуйте!	**Sdráßtwujt'i!**	Seien Sie / Seid gegrüßt!

Junge Leute oder Freunde begrüßen sich mit:

Привет!
Pr'iw'ét!
Gruß
Hallo!

Как дела?
Kak d'ilá?
wie Angelegenheiten
Wie geht's?

Я рад / рада видеть вас / тебя!
Já rát / ráda w'íd'it' wáaß / t'ib'á!
ich froh(m/w) sehen euch[4] / dich[4]
Schön, euch (Sie) / dich wiederzusehen!

Добро пожаловать!
Dabró pashálawat'!
gut(Umst.) kommen
Willkommen!

Как (вы) поживаете?
Kák (wý) pashywáit'i?
wie (ihr) (ihr-)lebt
Wie geht's euch / Ihnen?

Спасибо, хорошо!	**ßpaß'íba, charaschó!**	Danke gut.
К сожалению плохо.	**K-ßashal'én'ju plócha.**	Leider schlecht.
Что случилось?	**Schtó ßlutsch'ílaß?**	Was ist los?
До свидания!	**Da-ßw'idán'ja!**	Auf Wiedersehen!
До завтра!	**Da-sáftra!**	Bis morgen!
До скорого!	**Da-ßkórawa!**	Auf bald!
Пока!	**Paká!**	Tschüss!
Всего хорошего!	**Fß'iwó charóschywa!**	Alles Gute!
Доброй ночи!	**Dóbraj nótsch'i!**	Gute Nacht!

Мы ещё увидимся?
Mý jischsch'ó uw'íd'imß'a ?
(wir-)werden-sehen-sich(v) wir noch
Sehen wir uns wieder?

Передайте привет своей жене / своему мужу!
P'ir'idájt'i pr'iw'ét ßwajéj shyn'é / ßwajimú múshu!
übergebt(!) Gruß⁴ eurer³ Frau³ / eurem³ Mann³
Grüßen Sie Ihre Frau / Ihren Mann!

Мне пора!
Mn'é pará!
mir³ Zeitpunkt
Es wird Zeit!

Я должен / должна идти.
Já dólshyn / dalshná itt'í.
ich geschuldet(m/w) gehen
Ich muss jetzt los.

Мне хочется дать вам / тебе мой адрес.
Mn'é chótsch'itza dát' wám / t'ib'é mój ádr'iß.
mir³ (es-)will-sich geben euch³ / dir³ meine⁴ Adresse⁴
Ich möchte Ihnen / dir gern meine Adresse geben.

Я вернусь снова.
Já w'irnúß' ßnówa.
ich (ich-)werde-zurückkommen(v) wieder
Ich werde wiederkommen.

Мы обязательно придём ещё раз.
Mý ab'isát'il'na pr'id'óm jischschó ráß.
wir bestimmt(Umst) (wir-)kommen noch-Mal
Wir kommen bestimmt wieder!

Счастливого пути!
Schsch'ißl'íwawa put'í!
glücklichen² Weges²
Gute Reise!

Созвонимся!
ßaswan'imß'a
anrufen(wir) uns
Lass uns telefonieren!

До свидания!
Da-ßw'idán'ja!
bis zum Wiedersehen
Auf Wiedersehen!

Die Folgenden bedeuten alle:
„Ich finde dich sehr nett!“:

Ты милый человек / милая женщина!
Tý m'ílyj tsch'ilaw'ék / m'ílaja shén'sch'ina!
du lieber Mann / liebe Frau

Ты очень симпатичный парень!
Tý ótsch'in' ß'impat'ítsch'nyj pár'in'!
du sehr sympatischer junger Mann

Ты очень симпатичная девушка!
Tý ótsch'in' ß'impat'ítsch'naja d'éwuschka!
du sehr sympatische junge Frau

bitten

Eine Bitte kann mit „Gestatten Sie ...?“, „Erlauben Sie ...?“ usw. eingeleitet werden, was im Deutschen etwas steif klingt, im Russischen aber geläufig ist. Gleichzeitig tritt es an die Stelle der Anrede mit „Frau“ bzw. „Herr“.

У меня большая просьба!
🎵 **U-m'in'á bal'schája próß'ba!**
bei mir[2] große Bitte
Ich habe eine große Bitte!

пожалуйста
pashálßta *heißt*
„bitte“ als Aufforderung und ist auch die Antwort auf
спасибо *ßraß'íba*
„danke“.

Дайте мне, пожалуйста ...
Dájt'i mn'é, pashálßta ...
gebt(!) mir[3] bitte
Geben Sie mir bitte ...

Можете ли вы мне / нам помочь?
Móshyt'i-l'i wý mn'é / nám pamótsch'?
(ihr-)könnt ihr mir³ / uns³ helfen(v)
Können Sie mir / uns helfen?

Um Erlaubnis bitten is am einfachsten mit dem
Ausdruck можно Móshna ...? (Darf man ...?).

Разрешите ... ? | Могу ли я ... ?
Rasr'ischýt'i ...? | **Magú-l'i já ...?**
gestattet(!) | *(ich-)kann-ob ich*
Gestatten Sie ...? | Darf / Kann ich ...?

Можно курить ? | Разрешите войти?
Móshna kurít'? | **Rasr'ischýt'i wajt'í?**
man-kann rauchen | *(ihr-)gestattet hereinkommen*
Darf ich rauchen? | Darf ich hereinkommen?

Можно фотографировать?
Móshna fatagraf'írawat'?
man-kann fotografieren
Darf ich fotografieren?

danken

Спасибо! | Большое спасибо!
ßpaß'íba! | **Bal'schóji ßpaß'íba!**
danke | *großer Dank*
Danke! | Vielen Dank!

Сердечное спасибо!
ß'ird'étsch'naji ßpaß'íba!
Herzlichen Dank!

Спасибо, вам тоже!   Вы очень добры!

🎵 **ßpaß'íba, wám tóshy!**   🎵 **Wý ótsch'in' dabrý!**

danke euch³ auch   *ihr sehr gut(Mz)*

Danke, gleichfalls!   Sie sind sehr nett!

Я благодарю вас от всего сердца!

🎵 **Já blagadar'ú wáß at-fß'iwó ß'érza!**

ich (ich-)danke euch⁴ von ganzem² Herz²

Ich danke Ihnen sehr / von ganzem Herzen!

Не за что!

🎵 **N'ésaschta!**

nicht-für-das

Keine Ursache! / Gern geschehen!

wünschen

(Я) поздравляю с днём рожденья!

🎵 **(Já) pasdrawl'áju ß-dn'óm rashd'én'ja!**

(ich) (ich-)gratuliere mit-Tag⁵ Geburt²

Ich gratuliere zum Geburtstag!

(Я) желаю вам / тебе ...!

(Já) shyláju wám / t'ib'é...!

(ich) (ich-)wünsche euch³ / dir³ ...

Ich wünsche Ihnen / dir ...!

... счастья	... здоровья!	... успехов!
... schsch'áßt'ja!	**... sdarów'ja!**	**... ußpéchaf!**
Glück²	*Gesundheit²*	*Erfolge²*
... Glück!	... Gesundheit!	... Erfolg!

Floskeln & Redewendungen

Всего хорошего!
♪ **Fß'iwó charóschywa!**
alles[2] gutes[2]
Alles Gute!

Желаю удачи!
♪ **Shyláju udátsch'i!**
(ich) wünsche Glück[2]
Viel Glück!

Много счастья!
♪ **Mnóga schsch'áßt'ja!**
viel Glück[2]
Viel Glück!

Счастливого пути!
♪ **Schsch'ißl'íwawa put'í!**
glückliche[2] Reise[2]
Gute Reise!

Сердечные поздравления!
♪ **ß'ird'étsch'nyji pasdrawl'én'ija!**
herzliche Glückwünsche
Herzlichen Glückwunsch!

Будьте здоровы!
♪ **Bútt'i sdarówy!**
seid(!) gesund(Mz)
Gesundheit!

Желаю поправиться!
♪ **Shyláju papráw'itza!**
(ich-)wünsche bessern-sich
Gute Besserung!

„Gesundheit"
wünscht man sich
wie im Deutschen
beim Niesen.

На здоровье!
♪ **Na-sdarów'ji!**
auf-Gesundheit[4]
Zum Wohl! / Prost!

С праздником!
♪ **ßprásn'ikam!**
mit-Feiertag[5]
Frohes Fest!

С Новым Годом!
♪ **ßnówym gódam!**
mit-neuem[5] Jahr[5]
Frohes neues Jahr!

Я желаю счастливого Нового Года!
(Já) shyláju schsch'ißl'íwawa nówawa góda!
(ich) (ich-)wünsche glückliches² neues² Jahr²
Ich wünsche ein glückliches neues Jahr!

Большое спасибо за поздравления!
Bal'schóji ßpaß'íba sá pasdrawl'én'ija.
großer Dank für Gratulationen⁴
Vielen Dank für Ihre Gratulation!

bedauern, sich entschuldigen

Извините!	Простите!
Isw'in'ít'i!	**Praß't'ít'i!**
entschuldigt(!)	*verzeiht(!)*
Entschuldigung!	Verzeihung!

Это ужасно!	Как жаль!
Éta usháßna.	**Kák shál'!**
dieses schrecklich(Umst.)	
Das ist ja schrecklich!	Wie schade!

Очень жаль!	Мне очень жаль!
Ótsch'in' shál'!	**Mn'é ótsch'in' shál'!**
sehr schade	*mir³ sehr schade*
(Das ist) sehr schade!	Es tut mir sehr Leid!

К сожалению, я не могу остаться / прийти!
K-ßashyl'én'iju, já n'é magú aßtátza / pr'ijt'í!
zu-Bedauern³ ich nicht (ich-)kann bleiben-sich / kommen(v)
Leider kann ich nicht bleiben / kommen!

zustimmen & loben

Да!	**Dá!**	Ja!
Я знаю.	**Já snáju.**	Ich weiß.
Мне знаем.	**Mý snájim.**	Wir wissen.
Конечно!	**Kan'éschna!**	Natürlich!

С (большим) удовольствием!
ß(-bal'schým) udawól'ßtw'ijim!
mit(-großem[5]) Vergnügen[5]
Mit (großem) Vergnügen!

Хорошо!	**Charaschó!**	Gut!
В порядке!	**F-par'átk'e!**	In Ordnung!
Разумеется!	**Rasum'éjitza!**	Selbstverständlich!
Правильно!	**Práw'il'na!**	Richtig!
Это верно!	**Éta w'érna!**	Das stimmt!
(Это) красиво.	**(Éta) kraß'íwa!**	Das ist schön / hübsch!
(Это) прекрасно	**(Éta) pr'ikráßna!**	Das ist herrlich!
(Это) отлично!	**(Éta) atl'ítsch'na!**	Das ist ausgezeichnet / toll!

Я / ты прав / права!
Já / tý práf / prawá!
ich / du richtig(m/w)
Ich habe / Du hast Recht!

Мы / вы правы!
Mý / wý práwy!
wir / ihr richtig(Mz)
Wir haben / Ihr habt Recht!

Это мне очень нравится
Éta mn'é (ótsch'in') nráw'itza!
dieses mir[3] (sehr) gefällt-sich
Das gefällt mir (sehr) gut!

◊ Пойдёт.	**Pajd'ót.**	Na ja / Es geht so / Okay.
◊ Возможно.	**Wasmóshna.**	Vielleicht.
◊ Вероятно.	**W'irajátna.**	Wahrscheinlich.
◊ Я не знаю.	**Já n'é snáju.**	Ich weiß nicht.

ablehnen & sich beschweren

◊ Нет (спасибо)!	**N'ét (ßpaß'íba)!**	Nein (danke)!
◊ Конечно нет!	**Kan'éschna n'ét!**	Natürlich nicht!
◊ Никогда!	**N'ikagdá!**	Niemals!
◊ Ни в коем случае!	**Ní f-kójim ßlútsch'iji!**	Auf keinen Fall!
◊ Неправильно!	**N'ipráw'il'na!**	Falsch!
◊ Этого не было!	**Étawa n'ébyla!**	Das stimmt nicht!
◊ Напротив!	**Naprót'if!**	Im Gegenteil!

Я / ты не прав / права.
Já / tý n'é práf / prawá.
ich / du nicht richtig(m/w)
Ich habe / Du hast nicht Recht.

Это невозможно.
◊ **Éta n'iwasmóshna.**
dieses nicht-möglich(Umst.)
Es / Das ist unmöglich.

Это мне не нравится.
◊ **Éta mn'é n'é nráw'itza.**
dieses mir³ nicht (es-)gefällt-sich
Das gefällt mir nicht.

У меня нет желания.
◊ **U-m'in'á n'ét shylán'ija.**
bei mir² es-gibt-nicht Lust²
Ich habe keine Lust.

Вы ошибаетесь!
◊ **Wý aschybájit'iß'!**
ihr (ihr-)irrt-sich
Sie irren sich!

Я хочу пожаловаться (в ...).
Já chatsch'ú pashálawatza (w ...)
ich (ich-will) beschweren-sich (bei + 2. Fall)
Ich möchte mich (bei ...) beschweren.

Sich vorstellen

Я рад / рада с вами познакомиться.
Já rát / radá ß-wám'i pasnakóm'itza.
ich froh(m/w) mit-euch[s] kennen-lernen-sich
Ich freue mich, Sie kennen zu lernen.

Разрешите представить: господин Майер.
Rasr'ischýt'i pr'itßtáw'it': gaspad'ín Májir.
(ihr-)gestattet vorstellen Herr Becker
Darf ich vorstellen: Herr Meyer.

Очень приятно.
Ótsch'in' pr'ijátna.
sehr angenehm(Umst.)
Sehr angenehm.

Мне тоже.
Mn'é tóshy.
mir[3] auch
Ebenfalls.

Можете вы меня познакомить с господином Песковым?
Móshyt'i wý m'in'á pasnakóm'it' ß-gaßpad'ínam P'ißkówym?
(ihr-)könnt ihr mich[4] bekannt-machen mit-Herrn[s] Andropow[s]
Würden Sie mich mit Herrn Andropow bekannt machen?

Разрешите представится?
Rasr'ischýt'i pr'itßtáw'itza?
(ihr-)gestattet vorstellen-sich
Darf ich mich vorstellen?

Моя фамилия Хильдебранд.
Majá fam'íl'ija Ch'il'debránt.
mein Familienname Hildebrand
Mein Name ist Hildebrand.

Это моя жена / мой муж.
Éta majá shyná / mój músch.
dieses meine Frau / mein Mann.
Das ist meine Frau / mein Mann.

Das erste Gespräch

So könnte Ihr erstes Gespräch beginnen:

Как вас / тебя зовут?
🔊 **Kák wáß / t'ib'á sawút?**
wie euch² / dich² (sie-)nennen
Wie heißen Sie / heißt du?

Mit einem Smartphone können Sie sich die mit einem 🔊 gekennzeichneten Sätze dieses Kapitels anhören. Scannen Sie einfach den QR-Code mit Hilfe einer kostenlosen App (z. B. „Barcoo" oder „Scanlife").

Меня зовут Мария.
🔊 **M'in'á sawút Mar'íja.**
mich² (sie-)nennen Maria
Ich heiße Maria.

Откуда вы / ты?
🔊 **Atkúda wý / tý?**
woher ihr / du
Woher sind Sie / bist du?

Bei unbekannteren Orten, oder wenn der Ortsname gebeugt werden muss, ist es einfacher und auch verständlicher, die Bezeichnung „Stadt", „Ort" oder „Dorf" vor den Ortsnamen zu stellen. Diese wird dann gebeugt, der Ortsname bleibt dagegen unverändert.

Я / мы из Германии / Австрии / Швейцарии.
🔊 **Já / mý is-G'irmán'ii / Áfßtr'ii / Schw'izár'ii.**
ich / wir aus Deutschland² / Österreich² / Schweiz²
Ich bin / Wir sind aus Deutschland / Österreich / der Schweiz.

Из какого города вы приехали?
🔊 **Iß-kakówa górada wý pr'ijéchal'i?**
aus welcher² Stadt² ihr kamt-her(Mz)
Aus welcher Stadt kommen Sie?

Я / мы из Мюнхена.
Já / mý is-M'únch'ina.
ich / wir aus München²
Ich bin / Wir sind aus München.

Я из города Мюнхен / Гамбург.
Já is-górada M'únch'in / Gámburk.
ich aus Stadt² München / Hamburg
Ich bin aus München / Hamburg.

Где ты здесь живёшь?
Gd'é tý sd'éß' shyw'ósch?
wo du hier (du-)wohnst
Wo wohnst du hier?

Где вы здесь живёте?
Gd'é wý sd'éß' shyw'ót'i?
wo ihr hier (ihr-)wohnt
Wo wohnen Sie hier?

Я живу / мы живём здесь в гостинице.
Já shywú / mý shyw'óm sd'éß' w-gaßt'ín'ize.
ich (ich-)wohne / wir (wir-)wohnen hier in-Hotel⁶
Ich wohne / Wir wohnen hier im Hotel.

Что ты здесь делаешь?
Schtó tý sd'éß' d'élajisch?
was du hier (du-)machst
Was machst du hier?

Что вы здесь делаете?
Schtó wý sd'éß' d'élajit'i?
was ihr hier (ihr-)macht
Was machen Sie hier?

Я турист / туристка.
Já tur'íßt / tur'íßtka.
ich Tourist / Touristin
Ich bin Tourist(in).

Я здесь работаю.
Já sd'éß' rabótaju.
ich hier (ich-)arbeite
Ich bin beruflich hier.

Das erste Gespräch

Я приехал / приехала по делам.
Já pr'ijéchal / pr'ijéchala pa-d'élam.
ich kam-her(m/w) durch Sachen[5]
Ich bin geschäftlich hier.

Вы живёте одни?
Wý shyw'ót'i adn'í?
ihr (ihr-)lebt allein(Mz)
Leben Sie allein?

Ты живёшь один / одна?
Tý shyw'ósch ad'ín / adná?
du (du-)lebst allein(m/w)
Lebst du allein?

Да, я живу один / одна.
Dá, já shywú ad'ín / adná.
ja ich (ich-)lebe allein(m/w)
Ja, ich lebe allein.

Нет, я женат / замужем.
N'ét, já shynát / sámushym.
nein ich verheiratet(m/w)
Nein, ich bin verheiratet.

У вас есть дети?
U-wáß jéß't' d'ét'i?
bei euch[2] es-gibt Kinder
Haben Sie Kinder?

У нас нет детей.
U-náß n'ét d'it'éj.
bei uns[2] gibt-nicht Kinder[2]
Wir haben keine Kinder.

У вас есть брат или сестра?
U-wáß jéß't' brát íl'i ß'ißtrá?
bei euch[2] es-gibt Bruder und Schwester
Haben Sie Geschwister?

У меня есть брат / сестра.
U-m'in'á jéß't' brát / ß'ißtrá.
bei mir[2] es-gibt Bruder / Schwester
Ich habe einen Bruder / eine Schwester.

Кем ты работаешь / вы работаете?
K'ém tý rabótajisch / wý rabótajit'i?
als-wer⁵ du (du-)arbeitest / ihr (ihr-)arbeitet
Was arbeitest du / arbeiten Sie?

Я (по профессии) ...
Já (pa-praf'éß'iji) ...
ich (durch Beruf) ...
Ich bin (von Beruf) ...

служащий / служащая
ßlúshaschsch'ij / ßlúshaschsch'aja *m/w*
Angestellter / Angestellte
рабочий / рабочая
rabótsch'ij / rabótsch'aja *m/w*
Arbeiter / -in
безработный; частник
b'israbótnyj; tsch'áßn'ik
arbeitslos; Selbstständiger
врач; хирург
wrátsch' *m + w*; **ch'irúrk** *m + w*
Arzt; Geschäftsmann
ремесленик; домохозяйка
r'im'éßl'in'ik *m*; **dómachas'ájka** *w*
Handwerker; Hausfrau
инженер
inshyn'ér *m + w*
Ingenieur

журналист / журналистка **shurnal'íßt / shurnal'íßtka** *m/w* Journalist / -in
фермер **f'érm'ir** *m* Landwirt
учитель / учительница **utsch'ít'il' / utschít'il'n'iza** *m/w* Lehrer / -in
персионер / пенсионерка **p'inß'ian'ér / p'inß'ian'érka** *m/w* Rentner / -in
ученик / ученица **utsch'in'ík / utsch'in'íza** *m/w* Schüler / -in
студент / студентка **ßtud'ént / ßtud'éntka** *m/w* Student / -in
бизнесмен, предприниматель **b'isn'ißm'én, pr'idpr'in'imát'il'** *m* Unternehmer

Вам нравится в Москве?
🔊 **Wám nráw'itza w-Maßkw'é?**
euch³ (es-)gefällt-sich in-Moskau⁶
Gefällt es Ihnen in Moskau?

Да, мне очень нравится.
🔊 **Dá, mn'é ótsch'in nráw'itza.**
ja mir³ sehr (es-)gefällt-sich
Ja, es gefällt mir sehr.

Zu Gast sein

Wird man nach Hause eingeladen, freuen sich die Gastgeber über kleine подарки padárk'i (Geschenk, z. B. Kosmetika, Kaffee oder frische Blumen) immer richtig. Es ist ratsam, vor Reiseantritt ein paar Kleinigkeiten zum Verschenken einzukaufen. Die Geste zählt!

Mit einem Smartphone können Sie sich die mit einem 🎧 gekennzeichneten Sätze dieses Kapitels anhören. Scannen Sie einfach den QR-Code mit Hilfe einer kostenlosen App (z. B. „Barcoo" oder „Scanlife").

Я вас приглашаю!
🎧 **Já wáß pr'iglascháju!**
ich euch⁴ (ich-)lade-ein
Ich lade Sie / euch ein!

Будьте нашим гостем!
🎧 **Bútt'i náschym góßt'im!**
seid(!) unser⁵ Gast⁵
Seien Sie doch bitte unser Gast!

Приходите к нам домой завтра вечером.
🎧 **Pr'ichad'ít'i k-nám damój, sáftra w'étsch'iram.**
kommt(!) zu-uns⁵ nach-Hause morgen abends
Kommen Sie doch morgen Abend zu uns nach Hause!

Что вы делаете сегодня вечером?
🎧 **Schtó wý d'élajit'i ß'iwódn'a w'étsch'iram?**
was ihr (ihr-)macht heute abends
Was macht ihr / machen Sie heute Abend?

🏠 Zu Gast sein

Хотите пойти с нами?
🔊 **Chat'ít'i pajt'í ß-nám'i?**
(ihr-)wollt losgehen(v) mit-uns[5]
Wollt ihr mit uns mitkommen?

С удовольствием!
🔊 **ß-udawól'ßtw'ijim!**
mit-Vergnügen[5]
Mit Vergnügen!

Большое спасибо за приглашение.
🔊 **Bal'schóji ßpaß'íba sá pr'iglaschéniji.**
großer Dank für Einladung[4]
Vielen Dank für die Einladung!

Большое спасибо, но я не могу.
🔊 **Bal'schóji ßpaß'íba, nó já n'é magú.**
großer Dank aber ich nicht (ich-)kann
Vielen Dank, aber ich kann leider nicht kommen.

Мы принесли / я принёс / принесла маленький подарок.
🔊 **Mý pr'in'íßl'í / ja pr'in'óß / pr'in'ißlá mál'in'k'ij padárak.**
wir brachten-mit(Mz) / ich brachte-mit(m/w) kleines[4] Geschenk[4]
Wir haben / Ich habe ein kleines Geschenk mitgebracht.

Вы голодны?
🔊 **Wý galadný?**
ihr hungrig(Mz)
Sind Sie hungrig?

Ты голоден / голодна?
🔊 **Tý gólad'in / galadná?**
du hungrig(m/w)
Bist du hungrig?

Ещё что-нибудь?
🔊 **Jischsch'ó schtó-n'ibút'?**
noch irgendetwas
Möchten Sie noch etwas?

Спасибо, с удовольствием.
🔊 **ßpaß'íba, ß-udawól'ßtw'ijim.**
danke gern
Ja, bitte!

Нет, спасибо! Я действительно не могу больше.
🔊 **N'ét, ßpaß'íba! Já d'ijßtw'ít'il'na n'é magú ból'schy!**
nein danke ich wirklich nicht (ich-)kann mehr
Nein danke. Ich kann wirklich nicht mehr!

Большое спасибо за вкусную еду / за прекрасный вечер.
🔊 **Bal'schóji ßpaß'íba sá fkúßnuju jidú / sá pr'ikráßnyj w'etsch'ir!**
großer Dank für gutes⁴ Essen⁴ / für herrlichen⁴ Abend⁴
Vielen Dank für das gute Essen / den wunderschönen Abend!

Можно приготовить для вас немецкое блюдо?
🔊 **Móshna pr'igatów'it' dl'á wáß n'im'ézkaji bl'úda?**
man-kann vorbereiten deutsches⁴ Gericht⁴ für euch⁴
Darf ich für Sie (euch) ein deutsches Gericht kochen?

Вот мои фотографии из дома.
🔊 **Wót mají fatagráf'ii is-dóma.**
hier-sind Fotografien aus zu-Hause²
Hier sind Fotos von zu Hause.

Я дружу с …
🔊 **Já drushú ß- …**
ich (ich-)bin-befreundet mit …
Ich bin befreundet mit …

Familie / Verwandtschaft

дедушка;	**d'éduschka;**	Opa;
бабушка	**bábuschka**	Oma
родители;	**rad'ít'il'i;**	Eltern;
родственники	**rótßtw'in'ik'i**	Verwandte
отец / папа; мать /	**at'éz / pápa;**	Vater;
мама	**máť / máma**	Mutter
дядя; тётя	**d'ád'a; t'ót'a**	Onkel; Tante

зять; золовка	s'át'; salófka	Schwager; -in
муж; жена	músch; shyná	Ehemann; -frau
брат; сестра	brát; ß'ißtrá	Bruder; Schwester
ребёнок; дети	r'ib'ónak; d'ét'i	Kind; Kinder
сын; дочь	ßýn; dótsch'	Sohn; Tochter
племянник; племянница	pl'im'ánn'ik; pl'im'ánn'iza	Neffe; Nichte
внук; внучка	wnúk; wnútsch'ka	Enkel; Enkelin
женаты / замужем	shynáty / sámushym	verheiratet *m/w*
обручён / обручена	abrutsch'ón / abrutsch'iná	verlobt *m/w*
разведён / разведена	rasw'id'ón / rasw'id'iná	geschieden *m/w*
одинок / одинока	ad'inók / ad'inóka	ledig, allein *m/w*
овдовел / овдовела	awdaw'él / awdaw'éla	verwitwet *m/w*

Liebesgeflüster

Falls Sie für jemanden mehr Gefühle entwickelt haben, oder jemand für Sie, kann Ihnen dieses Kapitel weiterhelfen:

презерватив	pr'is'irwat'íf	Kondom
защита	saschsch'íta	Verhütung
СПИД	ßpít	Aids
любовь	l'ubóf'	Liebe
флирт; флиртовать	fl'írt; fl'irtawát'	Flirt; flirten
поцелуй; целовать	pazylúj; zylawát'	Kuss; küssen

Ты мне нравишься.
Tý mn'é nráw'ischß'a.
du mir³ (du-)gefällst-sich
Ich mag dich.

Я тебя люблю.
Já t'ib'á l'ubl'ú.
ich dich⁴ (ich-)liebe
Ich liebe dich.

Хочешь со мной переспать?
Chótsch'isch ßa-mnój p'ir'ißpát'?
(du-)willst schlafen mit-mir⁵
Willst du mit mir schlafen?

У меня есть презерватив.
U-m'in'á jéßt' pr'is'irwat'íf.
bei mir² es-gibt Kondom
Ich habe ein Kondom.

Сегодня нет.
ß'iwódn'a njét.
heute nicht
Heute nicht.

Оставь меня в покое.
Aßtáf' m'in'á f-pakóji!
lass(!) mich² in-Ruhe⁶
Lass mich in Ruhe!

Schimpfen & Fluchen

Man(n) schimpft und flucht in Russland gern und oft. Wenn auch die Hemmschwelle dafür niedriger liegt als im Deutschen, so sind doch folgende Ausdrücke nicht für den „touristischen" Gebrauch gedacht, sondern vielmehr für das Verstehen einer Situation:

 **Toilette**

К чёрту!	**K-tsch'órtu!**	Zum Teufel!
Ё-моё!	**Jó-majó!**	Mist!
Сволочь!	**ßwólatsch'!**	Gesindel!
Дурак!	**Durák!**	Blödmann!
(Ты) говно!	**(Tý) gawnó!**	Arschloch!
Пошёл вон!	**Pasch'ól wón!**	Hau ab!

wörtl.: (du)Scheiße

Toilette

Für „Toilette" sagt man туалет tual'ét, und ein wenig vornehmer уборная ubórnaja. Es gibt Sitz-, aber auch Hocktoiletten. Vergessen Sie nie Toilettenpapier mitzunehmen!
Wo ist hier eine Toilette?

туалет / уборная	**tual'ét / ubórnaja**	Toilette
мужской туалет	**muschßkój tual'ét**	Männertoilette
муж.	**(musch.)**	Herren (*Aufschrift:* М)
женский туалет	**shénßk'ij tual'ét**	Frauentoilette
жен.	**(shen.)**	Damen (*Aufschrift:* Ж)
занято - свободно	**sán'ita – ßwabódna**	besetzt – frei
туалетная бумага	**tual'étnaja bumága**	Toilettenpapier

Где здесь туалет?
🔈 **Gd'é sd'éß' tual'ét?**
wo hier Toilette
Wo ist hier eine Toilette?

У вас есть туалетная бумага?
U-wáß jéßt' tual'étnaja bumága?
bei euch[2] es-gibt toilettisches Papier
Haben Sie Toilettenpapier?

Unterwegs

Um unnötiges Suchen zu vermeiden, soll man bedenkenlos Leute ansprechen. Alle Russen sind in dieser Hinsicht verständnisvoll und hilfsbereit.

... in der Stadt

Как мне пройти к ...?
Kak mn'é prajt'í k- ...?
wie mir[3] hingehen zu ...(+ 3. Fall)
Wie komme ich zum / zur ...?

Можно пройти пешком?
Móshna prajt'í p'ischkóm?
man-kann hingehen zu-Fuß
Kann man zu Fuß gehen?

Далеко ещё до ...?
Dal'ikó jischschó dó ...?
weit noch bis ... (+ 2. Fall)
Ist es noch weit bis zum / zur ...?

Поезжайте на автобусе!
Pajishshʼájtʼi na-aftóbußʼi!
fahrt-hin(!) auf Autobus⁶
Nehmen Sie den Bus!

Ещё сто метров / один километр.
Jischschó ßtó mʼétraf / adʼín kʼilamʼétr.
noch hundert Meter(Mz)² / ein Kilometer
(Es sind) noch 100 Meter / ein Kilometer.

Ещё пять минут.
Jischschʼó pʼátʼ mʼinút.
noch fünf Minuten(Mz)²
(Es sind) noch 5 Minuten.

Как называется эта улица?
🔊 **Kák nasywájitza éta úlʼiza?**
wie (sie-)nennt-sich diese Straße
Wie heißt diese Straße?

Это улица …?
Éta úlʼiza …?
dieses Straße
Ist das die … Straße?

Можно осмотреть …?
Móshna aßmatrʼétʼ …?
man-kann besichtigen(v) (+ 4. Fall)
Kann man … besichtigen?

… открыт / работает?
… atkrýt / rabótajit?
… geöffnet / arbeitet
Ist … geöffnet?

Когда открывается …?
Kagdá atkrywájitza …?
wann (es-)öffnet-sich
Wann ist … geöffnet?

Где …?
Gdʼé …?
wo
Wo ist …?

выход; вход	**wýchat; fchót**	Ausgang; Eingang
мост; перекрёсток	**móßt; pʼirʼikrʼóßtak**	Brücke; Kreuzung
светофор; улица	**ßwʼitafór; úlʼiza**	Ampel; Straße
переулок; путь	**pʼirʼiúlak; pútʼ** *m*	Gasse; Weg / Route
площадь	**plóschschʼatʼ** *w*	Platz
город	**górat**	Stadt
деревня; место	**dʼirʼéwnʼa; mʼéßta**	Dorf; Ort / Stelle
план города	**plán górada**	Stadtplan

достопримеча-тельности	daßtapr'im'itsch'á-t'il'naßt'i	Sehenswürdig-keiten
памятник; икона	pám'itn'ik; ikóna	Denkmal; Ikone
собор; церковь	ßabór; zérkaf' w	Kathedrale; Kirche
дворец культуры	dwar'éz kul'túry	Kulturpalast
музей; дворец	muséj; dwar'éz	Museum; Palast
парк; замок	párk; sámak	Park; Schloss
стадион; театр	ßtad'ión; t'iátr	Stadion; Theater
университет	un'iw'irß'it'ét	Universität;
зоопарк	saapárk	Zoo
экскурсия	ekßkúrß'ija	Ausflug
экскурсия по городу	ekßkúrß'ija pa-góradu	Stadtrundfahrt

Richtungshinweise

направо / налево	napráwa / nal'éwa	(nach) rechts / links
прямо	pr'áma	geradeaus
назад / обратно	nasát / abrátna	zurück
далеко	dal'ikó	weit
недалеко / близко	n'idal'ikó / bl'íßka	nah
здесь; там	sd'éß'; tám	hier; dort / da
сразу здесь	ßrásu sd'éß'	gleich hier
за углом	sa-uglóm	um die Ecke
напротив	naprót'if	gegenüber
всё дальше	fß'ó dál'schy	immer weiter

Идите прямо до светофора!
🔊 Id'ít'i pr'áma da-ßw'itafóra!
geht(!) geradeaus bis Ampel²
Gehen Sie geradeaus bis zur Ampel.

Потом идите налево.
🔊 Patóm id'ít'i nal'éwa.
dann geht(!) links
Dann gehen Sie links.

Unterwegs

Поезжайте через мост и потом сверните направо.
Pajishshájt'i tsch'ér'iß móßt í patóm ßw'irn'ít'i napráwa.
fahrt-weiter(!) über Brücke[4] und dann biegt-ab(!) rechts
Fahren Sie über die Brücke und biegen Sie dann rechts ab.

Вам нужно проехать ещё одну остановку.
Wám náda prajéchat' jischsch'ó adnú aßtanófku!
euch[3] es-muss fahren(v) noch ein Kilometer
Fahren Sie noch eine Haltestelle weiter!

Идите всегда прямо.
Id'ít'i fß'igdá pr'áma.
geht(!) immer geradeaus
Gehen Sie immer geradeaus.

следующая улица
ßl'édujuschsch'aja úl'iza
nächste Straße
die nächste Straße

Покажите это, пожалуйста, на карте!
Pakashýt'i éta pashálußta na-kárt'i!
zeigt(!) dieses[4] bitte auf Karte[6]
Zeigen Sie das bitte auf der Karte!

Kleines Open-Air Konzert in Moskau

... mit öffentlichen Verkehrsmitteln

автобус	**aftóbuß**	Bus
метро	**m'itró**	U-Bahn
трамвай	**tramwáj**	Straßenbahn
троллейбус	**tral'éjbuß**	Trolleybus
остановка	**aßtanófka**	Haltestelle

Этот трамвай идёт к ...?
État tramwáj id'ót k- ...?
diese Straßenbahn (sie-)geht nach (+ 3. Fall)
Fährt diese Straßenbahn nach ...?

идти	**itt'í** *II, best.*	gehen,
ехать	**jéchat'** *best.*	fahren
входить	**fchad'ít'** *III,*	einsteigen
выходить	**wychad'ít'** *III*	aussteigen
отъезжать	**atjishshát'**	abfahren
прибывать	**pr'ibywát'**	ankommen

Когда отходит автобус номер ...?
Kagdá atchód'it aftóbuß nóm'ir ...?
wann (er-)geht-ab Autobus Nummer ...
Wann fährt der Bus Nr. ... ab?

Сколько ещё остановок до ...?
ßkól'ka jischsch'ó aßtanówak dó ...?
wie-viele noch Haltestellen[2] bis (+ 2. Fall)
Wie viele Haltestellen sind es noch bis ...?

Die Metro ist mehr als ein Verkehrsmittel. Sie ist gewissermaßen auch eines der erlebenswertesten Museen. Anfang der 1930er Jahre war sie von Stalin als Prestige-objekt geplant worden. Die einzelnen Metro-Stationen bieten ein zarenwürdiges Ambiente: Marmor, Kronleuchter und riesige Gemälde in prunkvollen Sälen

*Ein paar Tipps:
In den Eingangshallen der Metro kann man an Schaltern Einzel-, Mehrfahr- und Zeitkarten kaufen. Bei Intourist oder im Hotel sollte man nach einem Streckenplan der Metro fragen*

У вас есть план метро?
(**U-wáß jéßt' plán m'itró?**).

So kann man die Stationsnamen auf dem Plan mit den Aufschriften auf den Schildern vergleichen oder Fahrgästen auf diesem Plan zeigen, wohin man fahren möchte.

Ещё ... остановки.
Jischsch'ó ... aßtanófk'i.
noch ... Haltestelle²
(Es sind) noch ... Haltestellen.

Скажите, пожалуйста, когда нам выходить!
🕪 **ßkashýt'i pashálßta kagdá nám wychad'ít'**
sagt(!) bitte wann uns³ aussteigen
Sagen Sie uns, wann wir aussteigen müssen!

Разрешите пройти!
🕪 **Rasr'ischýt'i prajt'í!**
gestattet(!) durchgehen(v)
Lassen Sie mich bitte durch!

Taxen erkennt man am schachbrettartigen Muster auf Türen, Dach und Kofferraum. Wenn man keine Wucherpreise zahlen möchte, sollte man kein Taxi vor touristischen Brennpunkten anheuern! Den Preis unbedingt beim Einsteigen vereinbaren! Es halten auch Privatwagen, die für faire Preise ihre Dienste anbieten, wenn Sie der Sache trauen wollen.

... mit dem Taxi

(маршрутное) такси
(marschrútnaji) takß'í
(Sammel-)Taxi

стояика такси
ßtajánka takß'í
Taxistand

Вы свободны?
🕪 **Wý ßwabódny?**
ihr frei(Mz)
Sind Sie frei?

Сколько стоит такси до ...?
🕪 **ßkól'ka ßtóit takß'í dó ...**
wie-viel (es-)kostet Taxi bis (+ 2. Fall)
Wie viel kostet ein / das Taxi bis zum / zur ...

... красной площади ?

🔊 **... kráßnaj plóschsch'id'i?**

... *roten² Platz²*

... Roten Platz?

Я хочу / мы хотим на ...?

🔊 **Já chatsch'ú / mý chat'ím na- ...**

ich (ich-)will / wir (wir-)wollen auf (+ 4. Fall)

Ich möchte / Wir möchten nach ...

Пожалуйста, остановите здесь / сейчас!

🔊 **Pashálßta aßtanaw'ít'i sd'éß' / ß'itsch'áß!**

bitte haltet-an(!) hier / jetzt

Bitte halten Sie hier / jetzt an!

... mit der Eisenbahn

Die gigantischen Entfernungen, die für Touristen ein Abenteuer bedeuten, stellen für den Alltag des Landes eine immense Belastung dar. Ob nun Industrietransporte oder Versorgung der Bevölkerung – Haupttransportmittel für Waren und Personen über große Entfernungen ist nach wie vor die Bahn.

вокзал	**wagsál**	Bahnhof
платформа / перон	**platfórma / p'irón**	Bahnsteig
путь	**pút'**	Gleis
шелезая дорога	**shyl'ésnaja daróga**	Eisenbahn
поезд	**pójißt**	Zug

скорый поезд	**ßkóryj pójißt**	Schnellzug
спальный вагон	**ßpál'nyj wagón**	Schlafwagen
вагон-ресторан	**wagón-r'ißtarán**	Speisewagen
касса	**káßßa**	Schalter / Kasse
справочое бюро	**ßpráwatsch'naji b'uró**	Auskunftsbüro
зал ожидания	**sál ashydán'ija**	Wartesaal
станция	**ßtánzyja**	Station
багаж	**bagásch**	Gepäck
камера хранения	**kám'ira chran'én'ija**	Gepäckaufbewahrung
расписание	**raßp'ißán'iji**	Fahrplan
отправление	**atprawl'én'iji**	Abfahrt
прибытие	**pr'ibýt'iji**	Ankunft

Für den Vorort- und Kurzstreckenverkehr ist die електричка il'iktr'ít-sch'ka („Elektrische") zuständig, deren Wagen meist recht spartanisch eingerichtet sind.

Сколько стоит билет до …?
ßkól'ka ßtóit b'il'ét dó …?
wie-viel (sie-)kostet Fahrkarte bis (+ 2. Fall)
Was kostet die Fahrkarte nach …?

Когда приезжает поезд из …?
Kagdá pr'ijishsh'ájit pójißt íß …?
wann (er-)kommt-an Zug aus (+ 2. Fall)
Wann kommt der Zug aus … an?

билет	**b'il'ét**	Fahrkarte
обратный билет	**abrátnyj b'il'ét**	Rückfahrkarte
опоздание	**apasdán'iji**	Verspätung
точно	**tótsch'na**	pünktlich

мягкий вагон (СВ)	**m'ách'k'ij wagón (Es-We)**	erste Klasse
купейный вагон (купе)	**kup'éjnyj wagón (kupé)**	zweite Klasse
плацкартный вагон (плацкарт)	**plazkártnyj wagón (plazkárt)**	dritte Klasse
туда и обратно	**tudá í abrátna**	hin- und zurück

Поезд опаздывает?
🔊 **Pójißt apásdywajit?**
Zug (er-)verspätet
Hat der Zug Verspätung?

Нужно сделать пересадку?
🔊 **Núshna sd'élat' p'ir'ißátku?**
es-braucht machen(v) Umsteigen[4]
Muss man / ich umsteigen?

Где поезд останавливается?
🔊 **Gd'é pójißt aßtanáwl'iwajitza?**
wo Zug (er-)hält-an-sich
Wo hat der Zug Aufenthalt?

Этот поезд на ...?
🔊 **État pójißt na- ...?**
dieser Zug auf (+ 4. Fall)
Ist das der Zug nach ...?

Russische Eisenbahn

Die längste Eisen-
bahnstrecke der Welt
(9500 km) Strecke
Moskau – Wladi-
wostok ist unter dem
Namen „Transsibiri-
sche Eisenbahn" oder
kurz „Transsib"
bekannt. Eine kom-
plette Fahrt dauert
noch immer sieben
Tage und Nächte.

Сколько (времени) длится путешествие до ...?
ßkól'ka (wr'ém'in'i) dl'ítza put'ischéßtw'iji dó ...?
wie-viel (Zeit²) (sie-)dauert-sich Reise bis (+ 2. Fall)
Wie lange dauert die Reise nach ...?

Здесь есть ещё свободное место?
⑨ Sd'éß' jéßt' jischsch'ó ßwabódnaji m'éßta?
hier es-gibt noch freier Platz
Ist hier noch ein Platz frei?

Извините, пожалуйста, это моё место.
⑨ Isw'in'ít'i pashálßta, éta majó m'éßta.
entschuldigt(!) bitte dieses mein Platz
Entschuldigen Sie bitte, das ist mein Platz.

In der Transsib gibt
es einen Speise-, Post-,
Schlaf- und Liegewa-
gen für die Passagie-
re. Die oberen Liege-
bzw. Schlafplätze
können tagsüber
weggeklappt werden,
so dass alle auf den
unteren Betten sitzen
können. In jedem
Wagen kümmert sich
ein проводник
прawadn'ík
(Schaffner) um seine
Fahrgäste. Er heizt
den Waggon, teilt das
Bettzeug aus und
kocht Tee (oder Was-
ser für die Teebeutel)

Можно открыть / закрыть дверь / окно?
Móshna atkrýt' / sakrýt' dw'ér' / aknó?
man-kann öffnen / schließen Tür⁴ / Fenster⁴
Kann ich die Tür / Fenster öffnen / schließen?

Мне холодно / жарко.
Mn'é chóladna / shárka.
mir³ kalt(Umst.) / warm(Umst.)
Mir ist kalt / warm.

Можно получить чай / одеяло?
Móshna palutsch'ít' tsch'áj / ad'ijála?
man-kann bekommen Tee⁴ / Decke⁴
Kann ich Tee / eine Decke bekommen?

Man isst das mitgebrachte Essen im Abteil. So hat man Verpflegung, Unterkunft und Gesellig-keit in einem.

mit dem Auto

водительское удостоверение (права)	
wad'ít'il'ßkaji udaßtaw'ir'én'iji (prawá)	
Führerschein / Fahrerlaubnis	
техпаспорт	
t'éch-páßpart	
Fahrzeugschein	
(авто)машина	
(afta)maschýna Auto	
автоприцеп	
aftapr'izép Wohnwagen	
автофургон	
aftafurgón Wohnmobil	
шофёр	
schaf'ór Fahrer	
водитель	
wad'ít'il' Fahrer	
дорога	
daróga Weg / Landstraße	
улица	
úl'iza Stadtstraße	
автомагистраль	
aftamag'ißtrál' Autobahn	
автостоянка	
aftaßtajánka Parkplatz	
охраняемая (авто)стоянка	
(achran'ájimaja) aftaßtajánka	
(bewachter) Parkplatz	
паркавать / запаркаваться	
parkawát' / saparkawátza	
II, parken	

Wer Russland zum allerersten Mal bereist, der sollte sich besser nicht auf eine Fahrt mit dem eigenen Wagen einlassen.

Sonst gilt: Eventuelle Karosserieschäden sollte man sich an der Grenze bei Einreise unbedingt schriftlich bestätigen lassen, da es sonst bei der Ausreise Probleme geben kann.

повернуть	
paw'irnút' abbiegen	
ехать дальше	
jéchat' dál'schy weiterfahren	
ехать обратно	
jéchat' abrátna zurückfahren	

Сколько километров до ближайшего города?
🔊 **ßkól'ka k'ilam'étraf da-bl'ishájschywa górada?**
wie-viele Kilometer(Mz)[2] bis nächste[2] Stadt[2]
Wie viele Kilometer sind es noch bis zur nächsten Stadt?

В гостинице есть гараж?   Где ближайшая автостоянка?
🔊 **W-gaßt'ín'izy jéßt' garásch?**   🔊 **Gd'é bl'ishájschaja aftaßtajánka?**
in-Hotel[6] es-gibt Garage   *wo nächstgelegener Parkplatz*
Gibt es eine Garage im Hotel?   Wo ist der nächste Parkplatz?

Verkehrszeichen & Hinweisschilder

объезд	**abjéßt**	Umleitung
стоп	**ßtóp**	Halt
проезд запрещён	**prajéßt sapr'ischsch'ón**	Durchfahrt verboten
переход	**p'ir'ichót**	Fußgängerübergang
внимание	**wn'imán'iji**	Achtung
ремонтные работы	**r'imóntnyji rabóty**	Baustelle
улица с односторонним движением		
úl'iza ß-adnastarónn'im dw'ishén'ijim		Einbahnstraße
открыто	**atkrýta**	geöffnet
закрыто	**sakrýta**	geschlossen

Tankstelle

автозаправка / бензоколонка	
aftasapráfka / b'insakalónka Tankstelle	
давление воздуха **dawl'én'iji wósducha** Luftdruck	
бензин **b'ins'ín** Benzin	
АИ 93 **AI d'iw'inóßta tr'í** Benzin, 93 Oktan	
АИ 95 **AI d'iw'inóßta p'át'** Super, 95 Oktan	
АИ 98 **AI d'iw'inóßta wóß'im'** bleifrei, 98 Oktan	
дизель **d'ís'il'** _m_ Diesel	
моторное масло **matórnaji máßla** Motorenöl	
дистиллированная вода **d'ißt'il'irówannaja wadá** destilliertes Wasser	
канистра **kan'íßtra** Kanister	
заправлять **saprawl'át'** tanken	

Achtung: Die Einfuhr von Kraftstoff in Reservekanistern istnicht erlaubt. Diesel ist überall erhältlich, hochwertiger Ottokraftstoff eher im Westen Russlands. Möglichst immer volltanken. In Moskau, Sankt Petersburg und anderen Großstädten kann oft auch mit Kreditkarte gezahlt werden.

Пожалуйста, полный бак!
🎵 **Pashálßta pólnyj bák!**
bitte voller Tank
Bitte volltanken!

Panne

Die ГИБДД GIBDD, Abkürzung für:
Государственная инспекция безопасности дорожного движения.
Gaßudárßtw'innaja inßpékzyja b'isapáßnaßt'i daróshnawa dw'ishén'ija
ist die Verkehrspolizei und Straßenwacht Russlands.

авария	**awár'ija**	Autopanne
ремонт	**r'imónt**	Reparatur
срочный ремонт	**ßrótsch'nyj r'imónt**	Schnellreparatur
автомастреская / авторемонт	**aftamast'irßkája / aftar'imónt**	
	Reparaturwerkstatt	
эвакуатор	**ewakuátar** *m*	Abschleppwagen
буксировочны трос	**bukß'irówatsch'nyj tróß**	Abschleppseil
домкрат	**damkrát**	Wagenheber
запасное колесо	**sapaßnóji kal'ißó** *w*	Ersatzrad
страхование	**ßtrachawán'iji**	Versicherung

У моей машины прокол шины.
🔊 **U-majéj maschýny prakól schýny.**
bei meinem² Auto² Loch Reifen²i
Mein Auto hat eine Reifenpanne.

Вы можете это сделать?
🔊 **Wý móshyt'i éta sd'élat'?**
ihr (ihr-)könnt das⁴ werden-machen(v)
Können Sie das reparieren?

Вы можете отбуксировать машину в ближайший авторемонт?
🔊 **Wý móshyt'i atbukß'írawat' maschýnu w-bl'ishájschyj aftar'imónt?**
ihr (ihr-)könnt abschleppen(v) Wagen⁴ in-nächste⁴ Autowerkstatt⁴
Könnten Sie den Wagen zur nächsten Werkstatt abschleppen?

Сколько времени продлится ремонт?
🔊 **ßkól'ka wr'ém'in'i pradl'ítza r'imónt?**
wie-viel Zeit(Mz)² (sie-)wird-dauern-sich(v) Reparatur
Wie lange wird die Reparatur dauern?

У вас есть оригинальная запчасть?
🎙 U-wáß jéßt' ar'ig'inál'naja saptsch'áßt'?
bei euch² es-gibt originales Ersatzteil
Haben Sie ein Original-Ersatzteil?

Am besten fährt es sich in Gemeinschaft mit anderen Autotouristen, so dass man sich im Notfall gegenseitig helfen kann. Der Zustand der russischen Straßen ist mancherorts noch immer schlecht; andererseits sind in den letzten Jahren auch viele Strecken gut ausgebaut worden. Ein reichhaltiger Ersatzteilkasten ist aber nach wie vor empfehlenswert.

Unfall

дорожное происшествие / авария
daróshnaji praischéßtw'iji / awár'ija Verkehrsunfall
врач **wrátsch'** Arzt
скорая помощь
ßkóraja pómasch' *w* Erste Hilfe (Rettungswagen)

У нас было дорожное происшествие.
🎙 U-náß býla daróshnaji praischéßtw'iji.
bei uns² war(s) landstraßliches Ereignis
Wir hatten einen Verkehrsunfall.

У меня свидетели!
🎙 U-m'injá ßw'id'ét'il'i!
bei mir² Zeugen
Ich habe Zeugen!

Пожалуйста, вызовите скорую помощь!
🎙 Pashálßta wýsaw'it'i ßkóruju pómasch'!
bitte ruft-an(!) / ruft(!) schnelle⁴ Hilfe⁴
Bitte rufen Sie den ärztlichen Notdienst!

Пожалуйста, напишите ваше имя и адрес!
Pashálßta nap'ischýt'i wáschy ím'a í ádr'iß!
bitte schreibt-auf(!, v) euer⁴ Name⁴ und Adresse⁴
Bitte schreiben Sie Ihren Namen und Ihre Adresse auf!

Я (не) виновен / виновна.
Já (n'é) w'inów'in / w'inówna.
ich (nicht) schuldig(m/w)
Ich habe (keine) Schuld.

... mit dem Flugzeug

An allen Flughäfen in Russland wird streng kontrolliert. Oft bildet sich eine Schlage für das Eintreten in das Flughafengebäude. Doppellte und dreifache Kontrollen sind üblich. Planen Sie Ihre Zeit dafür richtig ein.

самолёт ; аэропорт	**ßamal'ót; aerapórt**	Flugzeug; Flughafen
авиакомпания	**aw'iakampán'ija**	Fluglinie
авибилет	**aw'ibil'ét**	Flugticket
стюардесса	**ßt'uard'éßa**	Stewardess
летать; вылетать	**l'it'át'; wyl'itát'**	fliegen; abfliegen
взлетать	**wsl'itát'**	starten

Мне плохо. Когда самолёт пойдёт на посадку?
Mn'é plócha. Kagdá ßamal'ót pajd'ót na-paßátku?
mir³ schlecht(Umst.) wann Flugzeug (es-)geht auf Landung⁴
Mir ist schlecht. Wann landet das Flugzeug?

... mit dem Schiff

порт	**pórt**	Hafen
корабль / судно	**karábl' / ßúdna**	Schiff
лодка; паром	**lótka; paróm**	Boot; Fähre
пароход	**parachót**	Dampfschiff
теплоход	**t'iplachót**	Motorschiff
экскурсия по порту	**ekßkúrß'ija pa-pórtu**	Hafenrundfahrt
пристань	**pr'íßtan'**	Anlegestelle
остров	**óßtraf**	Insel
берег; земля	**b'ér'ik; s'iml'á**	Ufer; Land
озеро; море	**ós'ira; mór'i**	(der) See; Meer
река; вода	**r'iká; wadá**	Fluss; Wasser

Когда прибудет судно?
🔊 **Kagdá pr'ibúd'it ßúdna?**
wann (es-)kommt-an Schiff
Wann kommt das Schiff an?

Когда отплывает теплоход?
🔊 **Kagdá atplywájit t'iplachót?**
wann (es-)legt-ab Motorschiff
Wann legt das Schiff ab?

Unterkunft

So finden Sie gleich nach Ihrer Ankunft vor Ort ganz schnell ein passendes Zimmer im Hotel:

гостиница	**gaßt'ín'iza**	Gasthof, Hotel
отель	**atél'**	Hotel

Mit einem Smartphone können Sie sich die mit einem 🔊 gekennzeichneten Sätze dieses Kapitels anhören.

Где можно переночевать?
🔊 **Gd'é móshna p'ir'inatsch'iwát'?**
wo man-kann übernachten
Wo kann man übernachten?

Я заказал / заказала одноместный / двухместный номер.
🔊 **Já sakasál / sakasála adnam'éßtnyj / dwuchm'éßtnyj nóm'ir.**
ich bestellte(m/w) einplatziges[4] / zweiplatziges[4] Zimmer[4]
Ich habe ein Einbett- / Zweibettzimmer reserviert.

Мне нужнет номер на сутки.
🔊 **Mn'é núshyn nóm'ir na-ßútk'i.**
mir[3] es-braucht Zimmer auf 24-Stunden
Ich möchte ein Zimmer für eine Nacht.

... на две ночи.
🔊 **... na-dw'é nótsch'i.**
... auf zwei[4] Nächte[4]
... für zwei Nächte.

Завтрак включён в эту цену?
🔊 **Sáftrak fkl'utsch'ón w-étu zénu?**
Frühstück eingeschlossen in-diesen[4] Preis[4]
Ist das Frühstück im Preis enthalten?

Можно посмотреть номер?
🔊 **Móshna paßmatr'ét' nóm'ir?**
man-darf ansehen Zimmer[4]
Kann ich das Zimmer sehen?

Я хочу номер с душем / другой номер.
🔊 **Já chatsch'ú nóm'ir ß-dúschym / drugój nóm'ir.**
ich (ich-)will Zimmer[4] mit-Dusche[5] / anderes[4] Zimmer[4]
Ich möchte ein Zimmer mit Dusche / ein anderes Zimmer.

этаж	**itásch**	Etage / Stockwerk
первый этаж	**p'érwyj itásch**	1. Stock = Erdgeschoss
регистрация	**r'ig'ißtrázyja**	Rezeption
администрация	**adm'in'ißtrázyja**	Administration
столовая	**ßtalówaja**	Speisesaal
багаж	**bagásch**	Gepäck
ключ	**kl'útsch'**	Schlüssel
ванна; душ	**wánna; dúsch**	Bad; Dusche
горячая вода	**gar'átsch'ija wadá**	warmes Wasser
холодная вода	**chalódnaja wadá**	kaltes Wasser
кровать	**krawát'** *w*	Bett
покрывало	**pakrywála**	Bettdecke
номер / комната	**nóm'ir / kómnata**	Zimmer
обслуживание	**abßlúshywan'iji**	Service
полотенце	**palat'énzy**	Handtuch

Во сколько завтрак / обед / ужин?
🎵 **Wa-ßkól'ka sáftrak / ab'ét / úshyn?**
in-wie-viel Frühstück / Mittagessen / Abendessen
Um wie viel Uhr gibt es Frühstück / Mittagessen / Abendessen?

Телевизор / лампа не работает.
🎵 **T'il'iw'ísor / lámpa n'é rabótajit.**
Fernsehgerät / Lampe nicht (es-/sie-)arbeitet
Das Fernsehgerät / die Lampe ist defekt.

Мне надо уезжать.
🎵 **Mn'é náda ujishsh'át'.**
mir³ es-muss abreisen
Ich möchte abreisen.

Когда я должен / должна заплатить?
🎵 **Kagdá já dólshyn / dalshná saplat'ít'?**
wann ich geschuldet(m/w) bezahlen(v)
Wann muss ich bezahlen?

предварительно	сейчас	в день отъезда
pr'idwar'ít'il'na	**ß'itsch'áß**	**f-d'én' atjésda**
im voraus	jetzt	bei Abreise

Разбудите меня, пожалуйста, в ... завтра утром!
🎵 **Raßbud'ít'i m'in'á pashálßta w- ... sáftra útram!**
weckt(!) mich[4] bitte in ... morgen früh
Wecken Sie mich bitte morgen früh um ...!

Camping

молодёжная турбаза	**malad'óshnaja turbása**	Jugendherberge
кемпинг	**k'émp'ing**	Camping(platz)
умывальная	**umywál'naja**	Waschraum
питьевая вода	**p'it'jiwája wadá**	Trinkwasser
палатка	**palátka**	Zelt
рюкзак	**r'uksák**	Rucksack
спальный мешок / спальник	**ßpál'nyj m'ischók / ßpál'n'ik**	Schlafsack

Где можно поставить палатку / приготовить еду?
🎵 **Gd'é móshna paßtáw'it' palátku / pr'igatów'it' jidú?**
wo man-kann hinstellen Zelt[4] / vorbereiten Essen[4]
Wo kann ich das Zelt aufstellen / Essen kochen?

Im Restaurant

Wichtige Vokabeln, wenn es darum geht, unterwegs zu essen:

завтрак	**sáftrak**	Frühstück
обед	**ab'ét**	Mittagessen
ужин	**úshyn**	Abendbrot
завтракать	**sáftrakat'**	frühstücken
обедать	**ab'édat'**	zu Mittag essen
ужинать	**úshynat'**	zu Abend essen
вилка; нож	**w'ílka; nósch**	Gabel; Messer
ложка; тарелка	**lóschka; tar'élka**	Löffel; Teller
чашка; стакан	**tsch'áschka; ßtakán**	Tasse; Glas
меню	**m'in'ú**	Speisekarte
главное блюдо	**gláwnaji bl'úda**	Hauptgericht
закуска; десерт	**sakúßka; d'iß'ért**	Vorspeise; Dessert
ресторан; кафе	**r'ißtarán; kafé**	Restaurant; Café
буфет	**buf'ét**	(Steh-)Imbiss
закусочная	**sakúßatsch'naja**	Imbissstube
пельменная	**p'il'm'énnaja**	Pelmeni-Imbiss
столовая; чайная	**ßtalówaja; tsch'ájnaja**	Speisesaal; Teestube
кондиторская; бар	**kand'ít'irßkaja; bár**	Konditorei; Bar
пивная / кабак	**p'íwnaja / kabák**	Kneipe / Spelunke

Официант!
🔊 **Af'izánt!**
Ober
Herr Ober!

Будьте добры ...!
Bútt'i dabrý ...!
seid(!) gut(Mz) ...
Seien Sie so gut ...!

Девушка!
🔊 **D'éwuschka!**
junges-Mädchen
Fräulein!

Кто здесь обслуживает
Któ sd'éß' apßlúshywajit?
wer hier (er-/sie-)serviert
Wer bedient hier?

Mit einem Smartphone können Sie sich die mit einem 🔊 gekennzeichneten Sätze dieses Kapitels anhören.

🍴 Im Restaurant

Здесь свободно?
🔊 **Sd'éß' ßwabódna?**
hier frei(Umst.)
Ist hier frei?

Я голоден / голодна.
🔊 **Já gólad'in / galadná.**
ich hungrig(m/w)
Ich habe Hunger.

Spezialitäten

щи	**schsch'í**	Weißkohlsuppe
уха	**uchá**	Fischsuppe
борщ	**bórschsch'**	Gemüsesuppe mit Kohl, Roter Bete u. ä.
шашлык	**schaschlýk**	Lammspieß (kaukasisches Gericht)
плов	**plóf**	gekochter Reis mit Lammfleisch
пельмени	**p'il'm'én'i**	kleine, mit Fleisch gefüllte Teigtaschen (sibirisches Gericht)
чебуреки	**tsch'ibur'ék'i**	mit Lammfleisch gefüllte Teigtaschen (kaukasische Mehlspeise)
окрошка	**akróschka**	kalte Suppe aus Eiern, Fleischwurst, Sahne und Gurken
голубцы	**galupzý**	Hackfleisch mit Reis eingerollt in Weißkohlblättern
рассольник	**raßßól'n'ik**	Fleischsuppe mit sauren Gurken
солянка	**ßal'ánka**	Fisch- oder Fleischsuppe mit scharfen Gewürzen
белеши	**b'il'ischý**	mit Fleisch gefüllte Teigtaschen
пончики	**póntsch'ik'i**	Donuts, „Berliner"

Что вы можете нам посоветовать?
🔊 **Schtó wý móshyt'i nám paßaw'étawat'?**
was ihr (ihr-)könnt uns[3] empfehlen(v)
Was können Sie uns empfehlen?

Я – вегетарианец!
🔊 **Já w'ig'itar'ián'iz!**
ich Vegetarier
Ich bin Vegetarier.

Принесите, пожалуйста, одну / две порции …
Pr'in'iß'it'i, pashálßta, adnú pórzyju / dw'é pórzyji …
bringt(!) bitte eine[4] Portion[4] / zwei[4] Portionen[4] …
Bringen Sie bitte eine Portion / zwei Portionen …

Что это?
Schtó éta?
was dieses
Was ist das?

Это мясное блюдо?
Éta m'ißnóji bl'úda?
dieses fleischliches Gericht
Ist das ein Fleischgericht?

Это очень вкусно.
Éta ótsch'in' fkúßna.
dieses sehr lecker(Umst.)
Das schmeckt sehr gut.

Hinter den uns geläufigen Wörtern шницель schn'ízyl' *(m)* und котлеты katl'éty *(Mz)* verbergen sich verschiedene Arten von Fleischklößchen. Will man das, was der Name vermuten lässt, bestelle man отбивной шницель atb'iwnój schn'ízyl'.

Хорошо, возьмём!
Charaschó, wasm'óm!
gut (wir-)nehmen
Das nehmen wir!

Я возьму два шашлыка.
Já was'mú dwá schaschlyká.
ich (ich-)nehme zwei Schaschlik[2]
Ich nehme zwei Schaschlik.

Приятного аппетита!
Pr'ijátnawa app'it'íta!
guten[2] Appetits[2]
Guten Appetit!

Спасибо, вам тоже!
ßpaß'íba, wám tóshy!
danke euch[3] auch
Danke gleichfalls!

Пожалуйста, счёт!
Pashálßta, schsch'ót!
bitte Rechnung
Die Rechnung, bitte!

Сколько с меня?
ßkól'ka ß-m'in'á?
wie-viel von-mir[2]
Was muss ich zahlen?

Это для вас!
Éta dl'á wáß!
das für sie
Das ist für Sie!

In der Regel gibt man ein Trinkgeld чаевые (tsch'ijiwýji) in Höhe von 10 bis 15% vom Gesamtpreis.

Im Restaurant

безалкогольные напитки	b'isalkagól'nyji nap'ítk'i	Alkoholfreies
(минеральная) вода	(m'in'irál'naja) wadá	(Mineral-)Wasser
молоко; какао	malakó; kakáo	Milch; Kakao
сироп; фруктовый сок	ß'iróp; fruktówyj ßók	Sirup; Saft
лимонад; квас	l'imanát; kwáß	Limonade; Kwas*
кофе; чай	kóf'i; tsch'áj	Kaffee; Tee
с молоком / сахаром	ß-malakóm / ßácharam	mit Milch / Zucker
без сахара	b'iß-ßáchara	ohne Zucker
алкогольные ..напитки	alkagól'nyji nap'ítk'i	Alkoholisches
пиво	p'íwa	Bier
белое вино	b'élaji w'inó	Weißwein
красное вино	kráßnaji w'inó	Rotwein
шампанское	schampánßkaji	Champagner
коньяк; коктейль	kan'ják; kaktél' *m*	Kognak; Cocktail
ром; джин	róm; dshýn	Rum; Gin
водка; со льдом	wótka; ßa-l'dóm	Wodka; mit Eis

квас kwáß ist ein leicht angegorenes Getränk aus getrocknetem Schwarzbrot mit Hefe und Rosinen. Man kann es in Flaschen abgefüllt in jedem Supermarkt finden.

одну чашку чая / кофе
adnú tsch'áschku tsch'ája / kóf'i
eine Tasse[4] Tee[2] / Kaffee
eine Tasse Tee / Kaffee

один стакан вина / сока
ad'ín ßtakán w'iná / ßóka
ein Glas[4] Weines[2] / Saftes[2]
ein Glas Wein / Saft

бутылку вина / водки
butýlku w'iná / wótk'i
eine Flasche⁴ Weines² / Wodkas²
eine Flasche Wein / Wodka

три кружки пива
tr'í krúschk'i p'íwa
drei Krüge² Bieres²
drei (Krüge) Bier

Мне хочется пить
Mn'é chótsch'itza p'ít'.
mir³ (es-)will-sich trinken
Ich habe Durst.

За ваше здоровье!
🍷 **Sá wáschy sdarów'ji!**
für eure⁴ Gesundheit⁴
Zum Wohl!

На здоровье!
🍷 **Na-sdarów'ji!**
auf-Gesundheit⁴
Prost!

За вас!
🍷 **Sá wáß!**
für euch⁴
Auf euch / Sie!

Einkaufen

Das eine oder andere müssen und wollen Sie sicherlich kaufen.

магазин	**magas'ín**	Geschäft
универмаг	**un'iw'irmák**	Kaufhaus
универсам / супермаркет	**un'iw'irßám / ßup'irmárk'it**	Supermarkt
продовольственный / магазин /. гастроном	**pradawól'ßtw'innyj /. magas'ín / gaßtranóm**	Lebensmittelladen
булочная	**búlotsch'naja**	Bäckerei
рынок	**rýnak**	Wochenmarkt

Einkaufen

книжный магазин	**kn'ìshnyj magas'ín**	Buchhandlung
магазин сувениров	**magas'ín ßuw'in'ìraf**	Souvenirladen
чёрный рынок	**tsch'órnyj rýnak**	Schwarzmarkt
киоск	**k'ióßk**	Kiosk

Я хочу пойти что-нибудь купить.
🖐 Já chatsch'ú pajt'í schtó-n'ibút' kup'ít'.
ich (ich-)will gehen irgendetwas[4] kaufen(v)
Ich möchte shoppen gehen.

Где можно купить / достать ...?
Gd'é móshna kup'ít' / daßtàt'...?
wo man-kann kaufen(v) / kriegen(v) ... (+4. Fall)
Wo kann man ... kaufen / bekommen?

Магазин открыт / закрыт?
Magas'ín atkrýt / sakrýt?
Laden geöffnet / geschlossen
Ist der Laden geöffnet / geschlossen?

Сколько мне ждать?
🖐 ßkól'ka mn'é shdát'?
wie-viel mir[3] warten
Wie lange muss ich warten?

Сколько стоит ...?
ßkól'ka ßtóit ...?
wie-viel (es-)kostet ...
Wie viel kostet ...?

Это (очень) дорого.
Éta (ótsch'in') dóraga.
das (sehr) teuer
Das ist (sehr) teuer.

Я хочу просто посмотреть.
Já chatsch'ú próßta paßmatr'ét'.
ich (ich-)will einfach ansehen(v)
Ich möchte das nur ansehen.

Можно попробовать / примерить?
Móshna papróbawat' / pr'im'ér'it'?
man-darf kosten / anprobieren
Darf ich das kosten / anprobieren?

Я это беру.
🔊 **Já éta b'irú.**
ich dieses⁴ werde-nehmen(v)
Ich nehme das.

Я это не возьму.
🔊 **Já éta n'i-was'mú.**
ich dieses⁴ nicht nehme
Ich nehme das nicht.

Что ещё желаете?
🔊 **Schtó jischsch'ó shylájit'i?**
was noch (ihr-)wünscht
Darf es sonst noch etwas sein?

Это всё / хорошо.
🔊 **Éta fß'o / charaschó.**
Das ist alles / gut so.

Достаточно.
🔊 **Daßtátatsch'na.**
Das reicht. / Genug.

Я ищу журнал.
🔊 **Já ischsch'ú shurnál.**
ich (ich-)suche Zeitung⁴
Ich suche eine Zeitung.

Дайте мне, пожалуйста, открытку.
🔊 **Dájt'i mn'é, pashálßta, atkrýtku.**
gebt(!) mir³ bitte Postkarte⁴
Geben Sie mir bitte eine Postkarte.

Мне нужно три килограмма яблок.
🔊 **Mn'é núshna tr'í k'ilagráma jáblak.**
mir³ es-braucht drei Kilogramm Äpfel²
Ich brauche drei Kilo Äpfel.

словарь	**ßlawár'**	Wörterbuch
дорожная карта	**daróshnaja kárta**	Straßenkarte
план города	**plán górada**	Stadtplan
карандаш; журнал	**karandásch; shurnál**	Bleistift; Zeitschrift
газета; сигареты	**gas'éta; ß'igar'éty**	Zeitung; Zigaretten

Lebensmittel & Gewürze

хлеб; булочка	**chl'ép; búlatsch'ka**	Brot; Brötchen
масло; яйца	**máßla; jájza**	Butter; Eier
мороженое; рыба	**maróshynaji; rýba**	(Speise-)Eis; Fisch
мясо; печенье	**m'áßa; p'itsch'én'ji**	Fleisch; Gebäck
птица; овощи	**pt'íza; ówaschsch'i**	Geflügel; Gemüse
гуляш; жаркое	**gul'ásch; shyrkóji**	Gulasch; Braten
мёд; курица	**m'ot; kúr'iza**	Honig; Huhn
картофель; сыр	**kartóf'il'** m; **ßýr**	Kartoffeln; Käse
котлеты; пирог	**katl'éty; p'irók**	Fleischklöße; Kuchen
мармелад; молоко	**marm'ilát; malakó**	Marmelade; Milch
фрукты; перец	**frúkty; p'ér'iz**	Obst; Pfeffer
рис; говядина	**r'íß; gaw'ád'ina**	Reis; Rindfleisch
ромштекс; сливки	**ramschtékß; ßl'ífk'i** Mz	Rumpsteak; Sahne
соль; шницель	**ßól'** w; **schn'ízyl** m	Salz; Schnitzel
горчица; суп	**gartsch'íza; ßúp**	Senf; Suppe
торт; колбаса; сахар	**tórt; kalbaßá; ßáchar**	Torte; Wurst; Zucker

Bank, Geld & Post

Alles zum Thema Bank und Geld:

банк	**bánk**	Bank
наличные деньги / нал	**nal'ítsch'nyji d'én'g'i / nál**	Bargeld
пункт обмена валюты	**púnkt abm'éna wal'úty**	Wechselstube
мелочь	**m'élatsch'** *w*	Kleingeld
банкнота	**banknóta**	Geldschein
валюта	**wal'úta** *Ez*	Devisen, Fremdwährung
чек	**tsch'ék**	Quittung
кредитная карточка	**kr'id'ítnaja kártatsch'ka**	Kreditkarte
курс	**kúrß**	Wechselkurs
банкомат	**bankamát**	Geldautomat
обменять деньги	**abm'in'át' d'én'g'i**	Geld tauschen
снять деньги	**ßn'át' d'én'g'i**	Geld abheben

Vorsicht: das Wort банка *bánka* bedeutet „Glasdose"!

Можно здесь обменять деньги?

🔊 **Móschna sd'éß' abm'in'át' d'én'g'i?**

man-kann hier umtauschen Gelder(Mz)⁴

Kann ich hier Geld umtauschen?

1		2–4, 22–24 …		5–20, 25–30 …	
рубль	**rúbl'**	рубля	**rubl'á**	рублей	**rubl'éj**
копейки	**kap'éjka**	копейки	**kap'éjk'i**	копеек	**kap'éjik**

Сколько рублей я получу за …

ßkól'ka rubl'éj já palutsch'ú sá …

wie-viel Rubel(Mz)² ich werde-bekommen(v) für

Wie viele Rubel bekomme ich für …?

Bank, Geld & Post

... сто евро	**... ßtó jéwra**	... 100 Euro
... сто долларов	**... ßtó dóllaraf**	... 100 Dollar
... сто швейцарских франков	**... ßtó schw'ijzárßk'ich fránkaf**	... 100 Schweizer ...Franken

Мне надо обменять сто евро.
Mn'é náda abm'in'át' ßtó jéwra.
mir³ es-muss umtauschen hundert⁴ Euro
Ich möchte 100 Euro umtauschen.

Post

Мне нужно отправить это письмо / этот пакет ...
🎵 **Mn'é núshna atpráw'it' éta p'ißmó / état pak'ét ...**
mir³ es-braucht abschicken dieser⁴ Brief⁴ / dieses⁴ Paket⁴
Ich möchte diesen Brief / dieses Paket ... abschicken.

в Германию / Австрию / Швейцарию.
🎵 **w-G'irmán'iju / Áfßtr'iju / Schw'ijzár'iju**
in-Deutschland⁴ / in-Schweiz⁴ / in-Österreich⁴
nach Deutschland / nach Österreich / in die Schweiz ...

почта	**pótsch'ta**	(Haupt-)Post
почтовое отделение	**patschtówaji add'il'én'iji**	Poststelle
авиапочта	**aw'iapótsch'ta**	Luftpost
(почтовая марка)	**(patsch'tówaja) márka**	Briefmarke
письмо	**p'ißmó**	Brief
открытка	**atkrýtka**	Postkarte
бандероль	**band'iról'** *w*	Päckchen
пакет	**pak'ét**	Paket
конверт	**kanw'ért**	Umschlag
бланк	**blánk**	Formular

адрес	**ádr'iß**	Adresse
отправитель	**atpraw'ít'il'**	Absender
получатель	**palutsch'át'il'**	Empfänger
почтовый ящик	**patsch'tówyj jáschsch'ik**	Briefkasten

Telefonieren & Internet

Telefonieren

телефон	**t'il'ifón**	Telefon
позвонить по телефону	**paswan'ít' pa-t'il'ifónu**	telefonieren
телефон-автомат	**t'il'ifón-aftamát**	Münzfernsprecher
сотовый телефон	**ßótawyj t'il'ifón**	Handy
сим-карта / симка	**ßím-kárta / ßímka**	SIM-Karte
	kót nasnatsch'én'ija	Vorwahl
номар телефона	**nóm'ir t'il'ifóna**	Telefonnummer
разговор по телефону	**rasgawór pa-t'il'ifónu**	Telefongespräch
метсный разговор	**m'éßnyj rasgawór**	Ortsgespräch
международный разговор	**m'éshdunaródnyj rasgawór**	Auslandsgespäch

Где можно позвонить по телефону?
🔊 **Gd'é móshna paswan'ít' pa-t'il'ifónu?**
wo man-kann klingeln durch Telefon[3]
Wo kann ich telefonieren?

Напишите мне номер телефона / код назначения …
Nap'ischýt'i mn'é nóm'ir t'il'ifóna / kót nasnatsch'én'ija … .
schreibt-auf(!) mir Nummer[4] Telefon[2] / Code[4] Bestimmung[2] (+ 2. Fall)
Schreiben Sie mir bitte die Telefonnummer / Vorwahl von … auf.

Telefonieren & Internet

Номер не отвечает.
🔊 Nóm'ir n'é atw'itsch'ájit.
Nummer nicht (sie-)antwortet
Es antwortet keiner.

Занято!
🔊 Sán'ita!
besetzt(Umst.)
Besetzt!

Ало?
🔊 Aló?
hallo
Hallo?

Мария у телефона.
🔊 Mar'íja u-t'il'ifóna.
Maria bei Telefon[2]
Hier ist Maria.

С кем я говорю?
🔊 ß-k'ém já gawar'ú?
mit-wem[5] ich (ich-)spreche
Mit wem spreche ich?

Мне нужне господин / госпожа ...
🔊 Mn'é núshyn gaßpad'ín / nushná gaßpashá ...
mir[3] es-braucht(m) Herr / es-braucht(w) Frau
Ich möchte Herrn / Frau ... sprechen.

Internet

Где мне найти интернет-кафе?
Gd'é mn'é najt'í intirnét-kafé?
wo *mir finden Internet-Café[4]*
Wo finde ich hier ein Internet-Cafe?

Я хотел бы попасть в интернет.
Já chat'él-by papáßt' w-intirnét.
ich gewollt-würde hineinkommen in Internet[4]
Ich möchte im Internet surfen.

Сколько стоит минута / полчаса интернета?
ßkól'ka ßtóit m'inúta / póltsch'ißa intirnéta?
wie-viel (sie-)kostet Minute / halbe Stunde Internet[2]
Was kostet die Nutzung pro Minute / halbe Stunde?

Вы мне можете помочь с регистрацией?
Wý mn'é móshyt'i pamótsch' ß-r'ig'ißtrázyjij?
ihr mir³ (ihr-)könnt helfen mit Registrierung⁵
Können Sie mir bei der Anmeldung helfen?

Можно включить немецкую клавиатуру?
Móshna wkl'utsch'ít' n'im'ézkuju klawiatúru?
man-kann einschalten deutsche⁴ Tastatur⁴
Kann ich auf eine deutsche Tastatur wechseln?

Я хочу проверить електронную почту.
Já chatsch'ú praw'ér'it' il'ektrónnuju pótsch'tu.
ich (ich-)will prüfen elektronische⁴ Post⁴
Ich möchte meine meine E-Mails checken?

Я могу распечатать мои письма?
Já magú raßp'itsch'átat' mají p'íßma?
ich (ich-)kann ausdrucken meine⁴ Briefe⁴
Kann ich meine E-Mails ausdrucken?

Behörden

Reist man in einer Gruppe, so werden alle Formulare für den Aufenthalt von der Reiseleitung ausgefüllt.

Мне нужна вуза в ...
Mn'é nushná w'ísa w- ...
mir³ es-braucht Visum in
Ich brauche ein Visum nach ...

Мне надо зарегистрироваться.
Mn'é náda sar'ig'ißtr'írawatza.
mir³ braucht registrieren-sich
Ich muss mich anmelden.

Behörden

Это возможно?
Éta wasmóshna?
dieses möglich
Ist das möglich?

Я могу здесь подождать?
Já magú sd'éß' padashdát'?
ich (ich-)kann hier warten
Darf ich hier warten?

фамилия, имя	**fam'íl'ija, ím'a**	Familienname; Vorname
адрес; улица	**ádr'iß, úl'iza**	Adresse; Straße
приезд; въезд	**pr'ijéßt, wjéßt**	Ankunft; Einreise
регистрация	**r'ig'ißtrázyja**	Anmeldung
паспорт	**páßpart**	Reisepass
бланк	**blánk**	Formular
место жительства	**méßta shýt'il'ßtwa**	Wohnort
подпись	**pótp'iß'** *w*	Unterschrift
отъезд	**atjéßt**	Abreise
выезд	**wýjißt**	Ausreise

Я хочу ещё остаться на два дня / на неделю.
Já chatsch'ú jischsch'ó aßtátza na-dwá dn'á / na-n'id'él'u.
ich (ich-)will noch bleiben-sich auf zwei Tage⁴ / auf Woche⁴
Ich möchte noch zwei Tage / eine Woche bleiben.

Мне надо лететь / ехать уже завтра.
Mn'é náda l'it'ét' / jéchat' ushé sáftra.
mir³ es-muss fliegen(best.) / fahren(best.) schon morgen
Ich muss morgen weiterfliegen / -fahren.

Помогите мне, пожалуйста, заполнить декларацию!
Pamag'ít'i mn'é, pashál'ßta, sapóln'it' d'iklarázyju!
helft(!) mir³ bitte ausfüllen Erklärung⁴
Helfen Sie mir bitte, die Zollerklärung auszufüllen!

Grenz- & Zollkontrolle

паспортный контроль	**páßpartnyj kantról'**	Passkontrolle
таможенный контроль	**tamóshynnyj kantról'**	Zollkontrolle
(таможенная) декларация	**(tamóshynnaja) d'iklarázyja**	(Zoll-)Erklärung
заграничный паспорт	**sagran'ítsch'nyj / páßpart**	Reisepass (*amtl.*)
загранпаспорт	**sagranpáßpart**	Reisepass (*Umg.*)
чемодан	**tsch'imadán**	Koffer
сумка	**ßúmka**	Reisetasche
таможенная пошлина	**tamóshynnaja póschl'ina**	Zollgebühr

Мне нечего декларировать.
Mn'é n'étsch'iwa d'iklar'írawat'
mir³ nichts³ deklarieren
Ich habe nichts zu verzollen.

Это подарки / личные вещи!
Éta padárk'i / l'ítschnyji w'éschsch'i!
dieses Geschenke / persönliche Dinge
Das sind Geschenke / persönliche Dinge.

Я протестую!
Já prat'ißtúju!
ich protestiere
Ich protestiere!

Polizei

Вызовите полицию / охрану!
🔊 **Wýsaw'it'i pal'ízyju / achránu!**
ruft(!, v) Polizei / Sicherheit
Rufen Sie die Polizei!

📷 Fotografieren

Где здесь по близости полиция?
🔊 Gd'é sd'éß' pa-bl'ísaßt'i pal'ízyja?
wo hier durch-Nähe[3] Polizei
Wo ist die nächste Polizeiwache?

а меня напали!
🔊 Na-m'ín'á napál'i!
auf mich[4] überfielen(Mz)
Ich wurde überfallen!

Меня обокрали!
🔊 M'ín'á abakrál'i!
mich[4] bestahlen(Mz)
... bestohlen!

Я потерял / потеряла свои документы.
🔊 Já pat'ir'ál / pat'ir'ála ßwají dakum'énty.
ich verlor(m/w) eigene[4] Dokumente[4]
Ich habe meine Papiere verloren.

Fotografieren

Bei der Verständigung über Fotos hilft:

фотоаппарат	**fóta-apparát**	Fotokamera
цифровая камера	**zyfrawája kám'ira**	Digitalkamera
объектив; батарейки	**abjikt'íf; batar'éjk'i**	Objektiv; Batterien
фотовспышка	**fóta-fßpýschka**	Blitzgerät
карта памяти	**kárta pám'at'i**	Speicherkarte
проявление	**prajiwl'én'iji**	Entwicklung
отпечаток	**atp'itsch'átak**	Papierabzüge
диафильм	**d'iaf'íl'm**	Diafilm
формат; фотография	**farmát; fatagráf'ija**	Format; Fotografie
видеокамера	**w'id'iokám'ira**	Videokamera
видеокассета	**w'id'iokaßß'éta**	Videokasette
фотографировать	**fatagraf'írawat'**	fotografieren

снимать	**ßn'imát'**	filmen
проявлять	**prajiwl'át'**	entwickeln

Можно здесь фотографировать?
🎵 Móshna sd'éß' fatagraf'írawat'?
man-kann hier fotografieren(v)
Darf man hier fotografieren?

Можно вас сфотографировать?
Móshna wáß ßfatagraf'írawat'?
man-kann Sie⁴ fotografieren(v)
Darf ich Sie fotografieren?

Я хочу распечатать каждую фотографию с этой карты.
Já chatschú raßp'itsch'átat' káshduju fatagráf'iju ß-étaj kárty.
ich (ich-)will ausdrucken jedes⁴ Foto⁴ von dieser² Karte²
Ich möchte je einen Ausdrucke von den Fotos auf dieser Karte

Сколько времени займёт печать снимков?
ßkól'ka wr'ém'in'i sajm'ót p'itsch'át' ßn'ímkaf?
wie-viel Zeit² (es-)einnimmt ausdrucken Abzüge
Wie lange dauert das Ausdrucken von Fotos?

Rauchen

Die Raucher unter Ihnen brauchen noch folgendes Vokabular:

Можно здесь курить?
🎵 Móshna sd'éß' kur'ít'?
man-kann hier rauchen
Darf man hier rauchen?

У вас есть зажигалка?
🎵 U-wáß jéßt' sashygálka?
bei euch² es-gibt Feuerzeug
Haben Sie Feuer?

Krank sein

сигареты	**ßigar'éty**	Zigaretten
папиросы	**pap'iróßy**	Papierossy
трубка; табак	**trúpka; tabák**	Pfeife; Tabak
зажигалка	**sashygálka** *w, Mz*	Feuerzeug
спички	**ßp'ítschk'i**	Streichhölzer

Куруть запрещено!
🔊 **Kur'ít' sapr'íschsch'inó!**
Rauchen verboten!

Krank sein

Medizinische Betreuung ist flächendeckend gewährleistet.

поликлиника	**pal'ikl'ín'ika**	Poliklinik
больница	**bal'n'íza**	Krankenhaus
регистрация	**r'ig'ißtrázyja**	Aufnahme
врач	**wrátsch'**	Arzt
часы приёма	**tsch'ißý pr'ijóma**	Sprechstunde
приёмная	**pr'ijómnaja**	Wartezimmer
На помощь!	**Na-pómasch'!**	Hilfe!
Скорее врача!	**ßkar'éji wratsch'á!**	Schnell, einen Arzt!
Осторожнее!	**Aßtaróshn'iji!**	Vorsichtiger!

Вызовите врача / скорую помощь!
🔊 **Wýsaw'it'i wratsch'á / ßkóruju pómasch'!**
ruft(!) Arzt[4] / schnelle[4] Hilfe[4]
Rufen Sie einen Arzt / einen Krankenwagen!

beim Arzt

Я болен / больна.	На что жалуетесь?	
🔊 **Já ból'in / bal'ná.**	🔊 **Na-schtó shálujit'iß?**	
ich krank(m/w)	*auf was (ihr-)leidet-sich*	
Ich bin krank	Was fehlt Ihnen?	

У меня болит …	U-m'in'á bal'ít …	Mir tut … weh.
рука; живот	**ruká; shywót**	Arm / Hand; Bauch
нога; грудь	**nagá; grút'**	Bein / Fuß; Brust
шея; сердце	**schéja; ß'érzy**	Nacken; Herz
голова; желудок	**galawá; shelúdak**	Kopf; Magen
горло; ухо	**górla; úcha**	Hals; Ohr
спина; плечо	**ßp'iná; pl'itsch'ó**	Rücken; Schulter

У меня …	U-m'in'á …	Ich habe …
алергия; понос	**al'irg'íja; panóß**	Allergie; Durchfall
воспаление	**waßpal'én'iji**	Entzündung
температура	**t'imp'iratúra**	Fieber
жар; грип	**shár; gr'íp**	Grippe
сердечные боли	**ß'ird'étsch'nyji**	Herzschmerzen
	ból'i *Mz*	
кашель	**káschyl'** *m*	Husten
головная боль	**galawnája ból'** *w*	Kopfschmerzen
боль в желудке	**bol' w-shylútk'i** *w*	Magenschmerzen
боли	**ból'i** *Mz*	Schmerzen
тошнота	**taschnatá**	Übelkeit

Krank sein

*Mit einem Smartphone kön-
nen Sie sich die mit einem
🔊 gekennzeichneten Sätze
dieses Kapitels anhören.*

У меня болит здесь!
U-m'in'á bal'ít sd'éß'!
bei mir² (es-)schmerzt hier
Hier tut es mir weh!

У меня одноразовые шприцы.
🔊 **U-m'in'á adnarásawyji schpr'izý.**
bei mir² einmalige Spritzen
Ich habe Einwegspritzen mit.

Я больной / больная диабетом.
Já bal'én / bal'ná d'iab'étam.
ich krank(m/w) Diabetes⁵
Ich bin Diabetiker.

Мне нужна справка для моего страхования.
🔊 **Mn'é nushná ßpráfka dl'á majiwó ßtrachawán'ija.**
mir³ es-braucht(w) Beleg für meine² Versicherung²
Ich brauche eine Quittung für meine Versicherung!

beim Zahnarzt

(зубной) врач	**subnój (wrátsch)**	Zahnarzt
зуб; пломба	**súp; plómba**	Zahn; Füllung

Запломбируйте, не вырывайте, пожалуйста!
Saplamb'írujt'i, n'é wyrywájt'i pashálßta!
plombiert(!) nicht zieht-heraus(!) bitte
Den Zahn bitte plombieren, nicht ziehen!

аптека	apt'éka	Apotheke
градусник	grádußn'ik	Fieberthermometer
пластырь; вата	pláßtyr' *m*; wáta	Pflaster; Watte
мазь; таблетка	máß'; tabl'étka	Salbe; Tablette
капли; бинт	kápli *Mz*; bínt	Tropfen; Verband
свечка	ßw'étsch'ka	Zäpfchen
снотворное	ßnatwórnaji	Schlafmittel
(средство)	(ßr'étßtwa)	
(женские)	(shénßk'iji) patklátk'i	Damenbinden
подкладки		
пелёнки	p'il'ónk'i	Windeln
принимать внутрь	pr'in'imát' wnútr'	zum Einnehmen
наружное	narúshnaji	zum Einreiben
.. для детей	.. dl'á d'it'éj	.. für Kinder

Дайте мне что-нибудь от головной боли / поноса.
Dájt'i mn'é schtó-n'ibút' at-galawnój ból'i / panóßa.
gebt(!) mir[3] *etwas gegen kopflichen*[2] *Schmerz*[2] */ Durchfall*[2]
Geben Sie mir bitte etwas gegen Kopfschmerzen / Durchfall.

Как принимать лекарство?
Kák pr'in'imát' l'ikárßtwa?
wie einnehmen Medikament[4]
Wie muss man dieses Medikament einnehmen?

Das komplette Programm zum Reisen und Entdecken von
REISE KNOW-HOW

- **Reiseführer** – alle praktischen Reisetipps von kompetenten Landeskennern
- **CityTrip** – kompakte Informationen für Städtekurztrips
- **CityTrip plus** – umfangreiche Informationen für ausgedehnte Städtetouren
- **InselTrip** – kompakte Informationen für den Kurztrip auf beliebte Urlaubsinseln
- **Wohmobil-Tourguides** – alle praktischen Reisetipps für Wohnmobil-Reisende
- **Wanderführer** – exakte Tourenbeschreibungen mit Karten und Anforderungsprofilen
- **KulturSchock** – Orientierungshilfe im Reisealltag
- **Kauderwelsch Sprachführer** – vermitteln schnell und einfach die Landessprache
- **Kauderwelsch plus** – Sprachführer mit umfangreichem Wörterbuch
- **world mapping project™** – aktuelle Landkarten, wasserfest und unzerreißbar
- **Edition REISE KNOW-HOW** – Geschichten, Reportagen und Abenteuerberichte

Wortliste Deutsch – Russisch

elen31@fotolia.com

■ Basilius-Kathedrale,
Detailansicht

Weibliche (w) und
sächliche (s) Hauptwörter
sind als solche gekenn-
zeichnet, alle anderen sind
männlich. Nach dem
Hauptwort steht die Mehr-
zahlendung / -form in
Klammern, z. B.:
kómnat/a (-y) (w); d. h.
kómnata ist die Einzahl
und kómnaty die Mehrzahl.
Sind Ein- und Mehrzahl
identisch, steht ein (=).
Wird aber zur Einzahl -a

ausdrücklich eine schein-
bar identische Mehrzahl
(-a) angegeben, so verbirgt
sich dahinter ein sächliches
Wort mit unbetontem
kyrillischem -o in der Ein-
und -a in der Mehrzahl.

Steht ein Verb nicht im
unvollendeten Aspekt und
gehört nicht der „e"-Beu-
gung (I. Gruppe) an, dann
ist der Aspekt bzw. die
Beugungsgruppe ange-
geben, z. B.: (II), (III),
(v). Dann werden auch
die 1. u. 2. Person Einzahl
in Klammern genannt.

Verben der Richtung und
Bewegung sind mit „best."
für „bestimmte Richtung"
und „unbest." für
„unbestimmte Richtung"
gekennzeichnet.

Bei regelmäßigen Eigen-
schaftswörtern wird nur
die männliche Form ange-
geben.

Verlangt ein Verhältnis-
wort oder ein Verb einen
bestimmten Fall für ein
abhängiges Haupt- oder
Fürwort, so ist dieser an
der nachfolgenden Zahl in
Klammern abzulesen,
z. B.: ná (+ 4).

A

abbiegen ßwarátsch'iwat';
ßw'irn/út' (-ú/-'ósch) (II,v)
Abend w'étsch'ir (w'itsch'irá);
zu A. essen úshynat'
Abendbrot úshyn (-y)
aber nó, á
abfahren ujishshát', ujé/chat'
(-du/-d'isch) (v)
abfliegen ul'itát'; ul'i/t'ét'
(-tsch'ú/-t'ísch) (III,v)
abgeben adda/wát' (-jú/-jósch)
(II); ad/dát' (v) (-dám/-dásch/
-dáßt/-dad'ím/-dad'ít'i/
-dadút)
abholen (fahren)
sajishshát' (sá) (+5)
Abreise atjé/ßt (-sdy)
abschleppen (Auto) ws'át'
maschýnu ná bukß'ír (was'mú/
was'm'ósch) (II, v)
Abteil kupé (=) (s)
Adresse ádr'iß (adr'ißá)
Alkohol alkagól' (Ez)
allein ad'ín
alles fß'ó
als (Vgl.) tsch'ém;
(Zeit) kagdá
alt ßtáryj
Alter (Lebens-) wósraßt (-y)
anbieten pr'idlagát'
anderer drugój
anfangen natsch'inát';
natsch'/át' (-nú/-n'ósch) (II,v)
angenehm pr'ijátnyj
Angst ßtrách (-'i)

anhalten aßtanáwl'iwat'; aßtan/aw'ít' (-awl'ú/-ów'isch) *(III,v)*

ankommen pr'ibywát'; pr'ib/ýt' (-údu/-úd'isch)*(v)*

Ankunft pr'ibýt'iji *(s,Ez)*

anmelden, sich prap'íßywa/tza (-juß'/-jischß'a)

annehmen pr'in'imát'

anstatt wm'éßta *(+2)*

Antwort atw'ét *(-y)*

antworten atw'itsch'át'

Apotheke apt'ék/a *(-'i) (w)*

Arbeit trút (trudý), rabót/a *(-y) (w)*

arbeiten rabótat'

arm b'édnyj

Arzt wrátsch' *(-i)*

auch tóshy

Aufenthalt pr'ibywán'ij/i *(-a) (s)*

aufhören p'ir'íßta/wát' (-jú/-jósch) *(II)*

aufstehen fßta/wát' (-jú/-jósch) *(II)*

aus íß *(+2)*

ausdrücken wyrashát'

außer króm'i

Ausflug ikßkúrß'ij/a *(-i) (w)*

Ausfuhr (Export) ékßpart *(-y)*, wýwa/ß *(-sy)*

ausfüllen sapaln'á/t' (-ju/-jisch)

Ausgang wýcha/t *(-dy)*

ausgezeichnet atl'ítsch'nyj

Auskunft ßpráfk/a *(-'i) (w)*, infarmázyj/a *(-i) (w)*

Auskunftsbüro ßpráwatsch'n/aja (-yjè), ßpráwatsch'n/aji b'uró (-yji =) *(s)*

Ausland sagran'íza *(w,Ez)*

Ausländer inaßtrán/'iz *(-zy)*

Ausländerin inaßtránk/a *(-'i) (w)*

Ausreise wýji/ßt *(-sdy) (Ez)*

Aussprache praisnaschén'ij/i (-a) *(s)*

aussteigen wych/ad'ít' (-ashú/-ód'isch) *(III)*; wýj/t'i (-dú/-d'ósch) *(II,v)*

Ausstellung wýßtafk/a *(-'i) (w)*

ausverkauft raßpródannyj

Ausweis udaßtaw'ir'én'i/ji *(-ja)*

ausziehen rasd'iwát'

Auto (afta)maschýn/a *(-y) (w)*

Autobahn aftamag'íßtrá/l' *(-l'i) (w)*

B

baden kupá/tza *(-juß'/-jischß'a)*

Badezimmer wánn/aja *(-yji) (w)*

Bahnhof wagsál *(-y)*

Bahnsteig platfórm/a *(-y) (w)*

bald ßkóra

Ball m'átsch' (m'itsch'í)

Bank (Geld) bánk *(-'i)*; **(Sitz-)** ßkam'j/á *(-i) (w)*

Bargeld nal'ítsch'nyji *(Mz)*

Batterie batar'éj/a *(-i) (w)*

Bauch shywót *(-y)*

bauen ßtró/jit* (-ju/-isch) *(III)*; paßtró/it* (-ju/-isch) *(III, v)*

Baum d'ér'iwa (d'ir'éw'ja) *(s)*

Bedienung apßlúshywan'ij/i (-a) *(s)*

beeilen, sich tar/ap'ítza (-apl'úß'/-óp'ischß'a) *(III)*

beenden akántsch'iwat'

befinden, sich nach/ad'ítza (-ashúß'/-ód'ischß'a) *(III)*

Beginn natsch'ála *(s,Ez)*

begleiten prawashát'

behandeln (Krankh.) l'itsch'/ít' (-ú/-isch) *(III)*

Behörde w'édamßtw/a (-a) *(s)*

bei ú *(+2)*

bekommen palutsch'át'; pal/utsch'ít' (-utsch'ú/-útsch'isch) *(III, v)*

beleidigen ab'ishát'

benachrichtigen uw'idaml'át'

benutzen pól's/awatza (-újuß'/-újischß'a)

Benzin b'ins'ín

Berg gará (góry) *(w)*

Beruf praf'éßß'ij/a *(-i) (w)*

berühmt snam'inítyj, isw'éßnyj

beschäftigen, sich san'imá/tza (-juß'/-jischß'a) *(Dinge: +5; Personen: ß +5)*

beschweren, sich shál/awatza (-ujuß'/-ujischß'a)

besichtigen aßmátr'iwat'; aßm/atr'ét' (-atr'ú/-ótr'isch) *(III, v)*

Besitzer wlad'él'/iz *(-zy)*

besser lúttschyj

bestellen sakásywat'; sak/asát' (-ashú/-áshysch) *(v)*

Bestellung saká/ß *(-sy)*

Besuch (v. etw.) paß'ischsch'én'ij/i (-a) *(s)*; **(bei jmd.)** w'is'ít *(-y)*

besuchen paß'ischsch'át'; paß'i/t'ít' (-schsch'ú/-t'ísch) *(III,v)*

betrügen abmánywat'

betrunken p'jányj

Bett paßt'é/l' *(-l'i) (w)*, krawát' *(-i) (w)*

bevor pr'éshd'i tsch'ém

Bier p'íwa *(s)*

Bild (Kunst) kart'ín/a *(-y) (w)*

billig n'idaragój, d'ischówyj

Binde (Hyg.) patklátk/a *(-'i) (w)*; **(Med.)** b'ínt *(-y)*

bis dó *(+2)*

bisschen n'imnóga

bitte pashálßta

Bitte prós'b/a (-y) *(w)*

bitter górk'ij

bleiben aßta/wátza (-júß'/ -jóschß'a) *(II)*; aßtá/tza (-nuß'/ -n'ischß'a) *(v)*

Bleistift karandásch (-y)

Blume zw'it/ók (-ý)

Blut króf' *(w)*

Boot lótk/a (-'i) *(w)*

Botschaft (dipl.) paßól'ßtw/a (-a) *(s)*

Brauch abýtsch'aj (-i)

brauchen: man braucht núshna

breit schyrók'ij

brennen gar'ét' (gar'ú/gór'isch) *(III)*

Brief p'iß'mó (p'íß'ma) *(s)*

Briefmarke patschtów/aja márk/a (-yji ... -'i) *(w)*

Brille atschk'i *(Mz)*

bringen pr'in/aß'ít' (-aschú/ -óß'isch) *(III)*; pr'in/iß/t'í (-ú/ -'ósch) *(II, v)*

Brot chl'ép (-by)

Brötchen búlatsch'k/a (-'i) *(w)*

Brücke móßt (-y)

Bruder brát (-'ja)

Buch kn'íg/a (-'i) *(w)*

buchen bran'ír/awat' (-uju/ -ujisch); sabran'ír/awat' (-uju/ -ujisch) *(v)*

Buchstabe búkw/a (-y) *(w)*

Bügeleisen ut'/úk (-ug'í)

bügeln glá/d'it' (-shu/-d'isch) *(III)*

Bürger (Staats-) grashdan'ín (gráshdan'i)

Büro b'uró *(=) (s)*

Bus awtóbuß (-y)

D

danke ßpaß'íba

deutsch n'im'ézk'ij

Deutschland G'irmán'ija

Devisen wal'úta *(w)*

Dieb wór (-y)

Diebstahl krásh/a (-y) *(w)*

diese(r/-s) état, éta *(w)*, éta *(s)*

Dokument dakum'ént (-y)

Dolmetscher p'ir'iwóttsch'ik (-'i)

Dorf d'ir'éwn'/a (-i) *(w)*

dorthin tudá

draußen ßnarúshy

dringend ßrótsch'nyj

drinnen wnutr'í

dumm glúpyj

dunkel t'ómnyj

dünn tónk'ij

durch (quer) tsch'ér'iß

duschen pr'in'imát' dusch

E

echt naßtajáschsch'ij

Ehefrau shyná (shóny) *(w)*

Eheleute ßuprúg'i *(Mz)*

Ehemann mú/sch (mush'já) *(m)*

Eigentum ßópßtw'innaßt' *(w)*

eilig ßp'éschnyj

Einbruch wslóm (-y)

einfach (leicht) praßtój; **(Umst.)** próßta

Einfuhr (Import) ímpart (-y)

Eingang fchó/t (-dy)

einige n'éßkal'ka

einladen pr'iglaschát'

Einladung pr'iglaschén'ij/i (-a) *(s)*

einmal (ad'ín) ráß

---

einsteigen ßad'/ítza (ßashúß'/ -íschß'a) *(III)*

eintreten fch/ad'ít' (-ashú/ -ód'isch) *(III)*

Eintrittskarte b'il'ét (-y)

einverstanden ßagláß'in

Einwohner shýt'il' (-i) *(m)*

Eis (Speise-) maróshynaji *(s):* **(Wasser-)** l'ót (l'dý)

Eltern rad'ít'il'i *(Mz)*

empfehlen ßaw'ét/awat'* (-uju/ -ujisch)

Ende kan/'éz (-zý)

endlich (Umst.) nakan'éz

eng t'éßnyj

englisch angl'ijßk'ij

entscheiden r'ischát'

entschuldigen, sich isw'in'/ítza (-úß'/-íschß'a) *(III)*

entweder ... oder íl'i ... íl'i

Erde s'iml'á (s'éml'i) *(w)*

Erfolg ußp'éch (-'i)

erholen, sich addychát'

erinnern, sich ßpam'inát'

Erklärung praßtúd/a (-y) *(w)*

erklären abjißn'á/t' (-ju/-jisch)

erkundigen, sich ßprawl'á/tza (-juß'/-jischß'a)

erlauben rasr'ischát'

Erlaubnis rasr'ischénij/i (-a) *(s)*

Ermäßigung l'gót/a (-y) *(w)*

Ersatzteil sapaßn'ája tsch'áßt' (-ýji ... -'i) *(w)*

erzählen raßßkásywat'; raßßk/asát' (-ashú/-áshysch) *(v)*

essen jéßt' (jém, jéssh, jéßt, jid'ím, jid'ít'i, jid'át)

Essen jidá *(w)*, kúschan'j/i (-a) *(s)*

etwas n'imnóga *(+2)*

F

Fähre paróm (-y)
fahren jé/chat' (-du/-d'isch)
  (best.); jésd'/it' (jéshshu/-isch)
  (III, unbest.)
Fahrkarte bil'ét (-y)
Fahrplan raßp'ißán'ij/i (-a) (s)
Fahrrad w'ilaß'ip'é/t (-dy)
fallen pádat'
falls jéßl'i
falsch n'ipráw'il'nyj
Familie ß'im'já (ß'ém'ji) (w)
Farbe zw'ét (zw'itá)
faul (Obst) gn'ilój;
  (träge) l'in'íwyj
Fehler aschýpk/a (-'i) (w)
Feier(tag) prásn'ik (-i)
feiern prásn/awat' (-uju/-ujisch)
Feld pól'i (pal'á) (s)
Fenster aknó (ókna) (s)
Ferien kan'íkuly (Mz)
Fernsehgerät t'il'iw'ísar (-y)
fertig gatówyj
fest tw'órdyj
feucht (Umst.) ßýra
Feuer ag/ón' (-n'í)
Fieber shár
Film f'íl'm (-y)
finden nach/ad'ít' (-ashú/
  -ód'isch) (III); naj/t'í (-dú/
  -d'ósch) (II, v)
Finger pál'/iz (-zy)
Fisch rýb/a (-y) (w)
Flasche butýlk/a (-'i) (w)
Fleisch m'áßa (s)
Fleiß pr'il'ishán'ij/i (-a) (s)
fleißig pr'il'éshnyj
fliegen l'itát' (unbest.); l'i/t'ét'
  (-tsch'ú/-t'ísch) (III, best.)

flirten fl'irt/awát' (-úju/-újisch)
Flughafen airapórt (-y)
Flugzeug ßamal'ót (-y)
Flur kar'idór (-y)
Fluss r'iká (r'ék'i) (w)
Formular blánk (-'i)
Fotoapparat fataaparát (-y)
Fotografie fatagráf'ij/a (-i) (s)
fotografieren fatagraf'ír/awat'
  (-uju/-ujisch); ßfatagraf'ír/owat'
  (-uju/-ujisch) (v)
fragen ßpráschywat'; ßpr/aßít'
  (-aschú/-óß'isch) (III, v)
Frau shénschsch'in/a (-y) (w)
Fräulein d'éwuschk/a (-'i) (w)
frei ßwabódnyj
fremd tsch'ushój
Freund drúk (drus'já)
Freundin padrúg/a (-'i)
freundlich pr'iw'étl'iwyj
Freundschaft drúshb/a (-y) (w)
frieren m'órsn/ut' (-u/-'isch)
frisch ßw'éshyj
froh rát
fröhlich w'iß'ólyj
Frost maró/ß (-sy)
Frucht frúkt (-y)
früh ránn'ij;
  (Umst.) rána
früher (Umst.) rán'schy
Frühling w'ißná (w)
Frühstück sáftrak (-'i)
frühstücken sáftrakat'
fühlen, sich tsch'úßtw/awat'
  (-uju/-ujisch)
für dl'á (+2)
fürchten, sich (vor) ba/játza
  (-júß'/-íschß'a) (III)
Fuß nagá (nóg'i);
  zu F. p'ischkóm

G

ganz w'éß', fß'á (w), fß'ó (s);
  (Umst.) ßaßß'ém
Gas gá/ß (-sy)
Gasse p'ir'iúl/ak (-k'i)
Gast góßt' (-i)
Gastfreundschaft
  gaßt'ipr'iímßtwa (s)
Gastgeber chas'áin dóma
Gebäude sdán'ij/i (-a) (s)
geben da/wát' (-jú/-jósch) (II);
  dát' (dám, dásch, dáßt, dad'ím,
  dad'ít'í, dadút) (v);
  es gibt jéßt'
Gebiet t'ir'itór'ij/a (-i) (w)
Geburtstag d'én' rashd'én'ija
gefährlich apáßnyj
gefallen nráw'/itza (-l'uß'/
  -ischß'a) (III)
Gefäß ßaßú/t (-dy)
Gefühl tsch'úßtw/a (-a) (s)
gegen(über) prót'if (+2)
Gegend m'éßnaßt' (-i) (w)
Gegenteil: im ... naprót'if
gehen itt'í (idú, id'ósch) (II,
  best.); chad'ít' (chashú,
  chód'isch) (III, unbest.)
Geld d'én'g'i (Mz)
Gemüse ówoschsch'i (Mz)
gemütlich ujútnyj
genau tótsch'nyj
genug daßtátatsch'na, dawól'na
Gepäck bagásch
gerne achótna
Geschichte (Story) raßßká/ß
  (-sy), ißtór'ij/a (-i) (w);
  (Historie) ißtór'ija (w)
Gesellschaft ópschsch'ißtwa
Gesetz sakón (-y)

Gespräch rasgawór (-y)
gestern ftsch'irá
gesund sdarówyj
Gesundheit sdarów'ji (s)
Getränk nap'ít/ak (-k'i)
Gewicht w'éß (w'ißá)
gewinnen wýigrywat'
Gewitter grasá (grósy) (w)
gewöhnlich abýtsch'nyj
Gewürz pr'ánaßt' (-i) (w)
Gift já/t (-dy)
Glas (Material) ßt'ikló (ßt'ókla) (s);
  (Trink-) ßtakán (-y)
glauben w'ér'/it' (-u,-isch) (III);
  (denken) dúmat'
Glück schsch'áßt'i (s,Ez)
glücklich schsch'ißl'íwyj
Gold sólata (s)
Gott bóch (bóg'i)
Gramm grám (-y)
gratulieren pasdrawl'á/t' (-ju/ -jisch)
Grenze gran'íz/a (-y) (w)
Grippe gr'íp
grob grúbyj
groß bal'schój
Gruppe grúp/a (-y) (w)
grüßen pr'iw'ézw/awat' (-uju/ -ujisch)
gültig d'ijßtw'ít'il'nyj
gut charóschyj;
  (Umst.) charaschó

H

Haar wólaß (-y)
haben im'é/t' (-ju/-jisch)
Hafen pórt (partý)
Hälfte palaw'ín/a (-y) (w)

halten d'irshát' (d'irshú/ d'érshysch)
Haltestelle aßtanófk/a (-'i) (w)
Hand ruká (rúk'i) (w)
Handel targówl'a (w)
hart tw'órdyj
Haus dóm (damá)
Herbst óß'in' (-i) (w)
Hilfe pómaschsch' (-i) (w)
Himmel n'éba (s)
hinter sá (+4, +5)
hoch wyßók'ij
Hochzeit ßwád'b/a (-y) (w)
hoffen nad'éj/itza (-uß'/-ischß'a)
höflich w'éshl'iwyj
Holz d'ér'iwa (d'ir'éw'ja) (s)
hören ßlýsch/at' (-u/-asch);
  ußlýsch/at' (-u/-asch) (III,v)
  (zu-) ßlúscha/t' (-ju/-jisch)
Hotel gaßt'ín'iz/a (-y) (w)
hungrig galódnyj
Hut schl'áp/a (-y) (w)
Hygiene g'ig'ijéna (w)

I

immer fß'igdá
Impfung pr'iw'ífk/a (-'i) (w)
in (örtl.) w / f (+6), ná (+6);
  (Richtung) w / f (+4), ná (+4)
Industrie pramýschl'innaßt' (w)
Insel óßtraf (aßtrawá)
interessant int'ir'éßnyj
interessieren, sich
  int'ir'iß/awátza (-újuß'/ -újischß'a)
international m'ishdunaródnyj
irren, sich aschybá/tza (-juß'/ -jischß'a)

J

ja dá
jagen achó/t'itza (-tsch'uß'/-'itschß'a) (III)
Jahr gó/t (-dy)
Jahreszeit wr'ém'a góda (wr'im'iná góda) (s)
jährlich jishygódnyj
Jeans dshýnßy (Mz)
jeder káshdyj
jemand któn'ibut'
jener tót, tá (w), tó (s), t'é (Mz)
jetzt t'ip'ér', ß'itsch'áß
jung maladój
Junge mál'tsch'ik (-'i)
jünger malóshyj

K

Kaffee kóf'i (=) (s)
kalt chalódnyj
Kamm raschsch'óßk/a (-'i) (w)
kaputt rasb'ítyj, n'é rabótajit
Kasse káßß/a (-y) (w)
kaufen pakupát'; kup/'ít' (-l'ú/kúp'isch) (III, v)
Kaufhaus un'iw'irmá/k (-g'i)
kein n'é (+2), n'ét (+2)
Kellner af'izyánt (-y)
Kellnerin af'izyántk/a (-'i) (w)
kennen zná/t' (-ju/-jisch);
  sich k. lernen snakóm/'itza (-l'uß'/-'ischß'a) (III)
Kind r'ib'ónak;
  Kinder d'ét'i (Mz)
Kino k'inó (=) (s), k'inat'iátr (-y)
Kirche zérk/af' (-w'i) (w)
Kleidung ad'éshda (w)

klein mál'in'k'ij

Kleingeld m'élatsch' (-i) *(w)*

klug úmnyj

Knochen kóßt' (-i) *(w)*

Knopf púgaw'iz/a (-y) *(w)*

kochen (erhitzen) war'/ít' (-ú, wár'isch) *(III)*;

(**zubereiten**) gatów/'it' (-l'u/-'isch) *(III)*

Koffer tsch'imadán (-y)

kommen pr'ich/ad'ít' (-ashú/ -ód'isch), pr'ij/t'í (-dú/-d'ósch) *(II,v)*

kompliziert ßlóshnyj

Kondom pr'is'irwat'í/f (-wy)

können (dürfen) mótsch' (magú, móshysch); ßmótsch' (ßmagú, ßmóshysch) *(v)*;

(**Fähigk.**) um'é/t' (-ju/ -jisch);

man kann (darf) móshna

Konsulat kónßul'ßtw/a (-a) *(s)*

Konto schsch'/ót (-itá)

kontrollieren praw'ir'át'

Konzert kanzért (-y)

Kopf galawá (gólawy) *(w)*

kosten (Speise) prób/awat' (-uju/-ujisch);

(**Preis**) ßtóit' (éta ßtóit)

kostenlos b'ißplátnyj

krank bal'nój

Krankenhaus bal'n'íz/a (-y) *(w)*

Krankenwagen ßkóraja pómoschsch' *(w)*

Krankheit bal'ésn' (-i) *(w)*

Küche kúchn'/a (-i) *(w)*

kühl prachládnyj

Kunst ißkúßßtw/a (-a) *(s)*

kurz karótk'ij

Kuss pazylú/j (-i)

küssen zyl/awát' (-úju/-újisch)

L

lächeln ulybá/tza (-juß'/ -jischß'a)

lachen (über) ßm'i/játza (-júß'/ -jóschß'a) *(II)*

Laden magas'ín (-y)

Lage (geogr.) palashén'ij/i (-a) *(s)*

Laken praßtyn'á (próßtyn'i) *(w)*

Lampe lámp/a (-y) *(w)*

Land ßtraná (ßtrány) *(w)*

Landkarte daróshn/aja kárt/a (-yji ... -y) *(w)*

Landschaft lantscháft (-y)

Landwirtschaft ß'élßkaji chas'ájßtwa *(s)*

lang dl'ínnyj

lange (zeitl.) dólga

langsam m'édl'innyj

langweilig ßkútschnyj

laufen b'i/shát' (-gú/-shýsch) *(III, best.)*; b'égat' *(unbest.)*

laut grómk'ij

leben shý/t' (-wú/-w'ósch) *(II)*

Leben shýsn' (-i) *(w)*

Lebensmittel pradúkty (p'itán'ija) *(Mz)*

ledig chalaßtój

leer pußtój

legen klá/ßt' (-dú/-d'ósch) *(II)*; pal/ashýt' (-ashú/-óshysch) *(III,v)*

leicht l'óchk'ij

leihen adálshywat'

lernen utsch'/ítza (-úß'/ útsch'ischß'a) *(III)*

lesen tsch'itát'; pratsch'itát* *(v)*

Leute l'úd'i *(Mz)*

Licht ßw'ét

Liebe l'ubóf *(w)*

---

lieben l'ub'/ít' (-l'ú, l'úb'isch) *(III)*

Lied p'éßn'/a (-i) *(w)*

liegen l'ish/át' (-ú/-ýsch) *(III)*

links ßl'éwa;

nach l. nal'éwa

Loch dyrá (dýry) *(w)*

Luft wósduch *(Ez)*

lügen abmánywat'

lustig (komisch) ßm'ischnój (**vergnügt**) w'iß'ólyj

M

machen (tun) d'élat'; ßd'élat' *(v)*

Mädchen d'éwatsch'k/a (-'i) *(w)*; (**junge Frau**) d'éwuschk/a (-'i) *(w)*

malen mal'/iwát' (-úju/-újisch)

manchmal inagdá

Mann muschsch'ín/a (-y) *(m)*

Markt rýn/ak (-k'i)

Medikament l'ikárßtw/a (-a) *(s)*

Meer mór'i (mar'á) *(s)*

mehr ból'schy

Menge kal'ítsch'ißtw/a (-a) *(s)*

Mensch tsch'ilaw'ék;

Menschen l'úd'i *(Mz)*

merken, sich sapam'inát'

Messer nósch (nashý)

mieten brát' naprakát (b'irú, b'ir'ósch) *(II)*

Milch malakó *(s)*

Minute m'inút/a (-y) *(w)*

mit ß (+5)

Mittag: M. essen ab'édat'

Mittagessen ab'é/t (-dy)

mitteilen ßaapschsch'át'; ßaapschsch'/ít' (-ú/-ísch) *(III, v)*

Mode mód/a (-y) *(w)*

möglich wasmóshnyj

Monat m'éß'iz (-y)
Mond luná (lúny) (w)
morgen sáftra
Morgen útra (s)
morgens útram
Motor matór (-y)
Motorrad matazýkl (-y)
müde ußtályj
Museum mus'éj (-i)
Musik músyka (w)
müssen: man muss náda
Mutter mát' (mát'ir'i) (w)

N

nach (Richtung) ná (+4), w / f
(+4);
(zeitl.) póßl'i (+2)
nachmittags póßl'i ab'éda
Nachricht isw'éßt'ij/i (-a) (s)
Nacht nótsch' (-i) (w)
nackt gólyj
Nadel iglá (ígly), igólk/a (-'i) (w)
nahe (Umst.) bl'íßka, n'idal'ikó
Name ím'a (im'iná) (s);
(Nach-) fam'íl'ij/a (-i) (w)
nass mókryj
Nationalität nazyanál'naßt' (-i)
(w)
Natur pr'iród/a (w)
natürlich (Umst.) kan'éschna
neben ú (+2)
nehmen brát' (b'irú, b'ir'ósch)
(II); ws'át' (was'mú, was'm'ósch)
(II, v)
nein n'ét
neu nówyj
neugierig l'ubapýtnyj
nicht n'é
nichts n'ischtó

niedrig n'íßk'ij
niemals n'ikagdá
niemand n'iktó
noch jischsch'ó
Norden ß'éw'ir
normal narmál'nyj
notwendig ab'isát'il'lnyj
Nummer nóm'ir (-a)
nur tól'ka

O

ob l'í
oben naw'irchú
Obst frúkty (Mz)
oder íl'i
öffnen atkrywát'; atkr/ýt'
(-óju/-ójisch) (v)
oft tsch'áßta
ohne b'éß
Öl máßla (maßlá) (s)
organisieren argan'is/awát'
(-úju/-újisch)
Ort m'éßt/a (-a) (s)
Osten waßtók
österreichisch aßßtr'ijßk'ij

P / Q

paar: ein p. n'éßkal'ka
Paar pár/a (-y) (w)
Päckchen band'iról' (-i) (w)
Paket pak'ét (-y) (m)
Palast dwar/'éz (-zý)
Papier bumág/a (-'i) (w);
Papiere dakum'énty (Mz)
Park párk (-i)
parken (Auto) paßt/áw'it'
maschýnu (-awl'ú/-áw'isch) (III,v)
Parkplatz aftaßtajánk/a (-'i) (w)

Patient pazyént (-y)
Pause p'ir'irý/f (-wy)
Person p'irßón/a (-y) (w)
Plan plán (-y)
Platz (Stadt) plóschsch'a/t'
(-d'i) (w);
(Sitz-) m'éßt/a (-a) (s)
Platzkarte (Zug) plazkárt/a
(-y) (w)
plötzlich wdrúk
Politik pal'ít'ika (w)
Polizei pal'ízyja (w)
Polizist pal'izéjß'ij (-i)
Post pótsch't/a (-y) (w)
Postkarte atkrýtk/a (-'i) (w)
Preis zyná (zény) (w)
privat tsch'áßnyj
Problem prabl'ém/a (-y) (w)
Programm pragrámm/a (-y) (w)
Prospekt praßp'ékt (-y) (w)
pünktlich (Umst.) wówr'im'a
Qualität kátsch'ißtwa (-a) (s)

R

Rad kal'ißó (kal'óßa) (s)
Radio(gerät) rád'ia (=) (s)
rauchen kur'/ít' (-ú, kúr'isch) (III)
rechnen schsch'itát'
Rechnung schsch'/ót (-itá)
Recht práw/a (-a) (s)
rechts ßpráwa;
nach r. napráwa
reden (sagen) gawar'/ít* (-ú/
-ísch) (III); ßka/sát' (-shú/
-ßkáshysch) (v)
regelmäßig r'igul'árnyj
Regen dósch't' (dashd'í) (m)
registrieren r'ig'ißtr'ír/awat'
(-uju/-ujisch)

reich bagátyj

reif ßp'élyj

Reifen schýn/a (-y) *(w)*

Reise pajéßtk/a (-'i) *(w)*

Reisebüro b'uró put'ischéßtw'ij *(=) (s)*

reisen put'ischéßtw/awat' (-uju/-ujisch)

Reisepass páßpart (paßpartá)

Reparatur r'imónt (-y)

reparieren r'imant'ír/awat' (-uju/-ujisch)

S

Schaffner prawadn'ík (-'i)

scharf (Speise) óßtryj

Scheck tsch'ék (-'i)

Schere nóshn'izy *(Mz)*

schicken (Post) paßylát'

schießen ßtril'á/t' (-ju/-jisch)

Schiff ßúdna (ßudá) *(s)*

Schirm sónt'ik (-'i)

schlafen ßpát' (ßpl'ú, ßp'isch) *(III)*

Schlafzimmer ßpáln'/a (-'i) *(w)*

schlagen b'it' (b'jú/b'jósch) *(II)*

Schlange sm'ijá (sm'éji)

schlecht plachój;
  (Umst.) plócha

schließen sakrywát'; sakr/ýt' (-óju-ójisch) *(I, v)*

Schloss (Tür-) sam/ók (-k'í)

Schlüssel kl'utsch' (-í)

schmackhaft fkúßnyj

Schmerz ból' (-i)

schmerzen bal'ét' (bal'ít)

Schmuck ukraschén'ija *(w)*

schmutzig gr'ásnyj

Schnee ßn'ék (ßn'igá)

schnell býßtryj

schon ushé

---

schön kraß'íwyj

schreiben p'ißát' (p'ischú, p'íschisch); nap'/ißát' (-ischú-ischisch) *(v)*;
  sich sch. p'ir'ip'íßyw/atza (-juß'/-jischß'a)

schreien kr'itsch'át' (-ú/-ísch) *(III)*

Schuh bat'ín/ak (-k'i);
  Schuhwerk óbuf' *(w)*

Schuld w'iná *(w)*

schuldig w'inównyj

Schule schkól/a (-y) *(w)*

Schüler utsch'in'/ík (-ik'í)

Schutz saschsch'íta *(w)*

schwanger b'ir'ém'innaja *(w)*

schweizerisch schw'ijzárßk'ij

schwer (Gewicht) t'ishólyj

Schwester ß'ißtrá (ß'óßtry) *(w)*

schwierig trúdnyj

schwimmen pláwat'

schwitzen pat'é/t' (-ju/-jisch)

See ós'ira (as'óra) *(s)*

sehen (anschauen) ßmatr'/ét' (-ú, ßmótr'isch) *(III)*;
  (wahrnehmen) w'íd'it' (w'íshu/-isch) *(III)*;
  sich s. (treffen) w'íd'/itza (w'íshuß'/-ischß'a) *(III)*

Sehenswürdigkeit daßtapr'im'itsch'át'il'naßt' (-i) *(w)*

sehr ótsch'in

Seife mýla (-a) *(s)*

Seil tróß (-y)

sein (Verb) být'

Sekunde ß'ikúnd/a (-y) *(w)*

selten r'étk'ij

setzen, sich ßad'/ítza (ßashúß'/-ischß'a) *(III)*; ß'éßt' (ß'ádu, ß'ád'isch) *(v)*

Silber ß'ir'ibró *(s, Ez)*

singen p'ét' (paju/pajósch)

sitzen ß'id'/ét' (ß'ishú/-ísch) *(III)*

so ták

sofort (gleich) ß'itsch'áß

Sohn ßýn (ßynaw'já)

Sommer l'éta *(s)*

Sonne ßónzy *(s)*

sparen ikanóm/'it' (-l'u/-'isch) *(III)*

spät (Umst.) pósna

spazieren gul'át'

Spaziergang pragúlk/a (-'i) *(w)*

Speisekarte m'in'ú *(=) (s)*

Spiegel s'érkala (-a) *(s)*

Spielzeug igrúschk/a (-'i) *(w)*

Sport ßpórt

Sprache jisýk (jisyk'í)

Spritze schpr'íz (-y);
  (Injektion) ukól (-y)

Staatsangehörigkeit grashdánßtwa (-a) *(s)*

Stadt górat (garadá)

stark (z.B. Kaffee) kr'épk'ij;
  (Kraft) ß'íl'nyj

stehen ßta/ját' (-jú/-ísch) *(III)*

Stein kám'in' (-i)

Stelle m'éßta (-a) *(s)*

stellen ßtáw/'it' (-l'u/-isch) *(III)*; paßtáw/'it' (-l'u/-isch) *(III, v)*

sterben um'irát'

Stern sw'isdá (sw'ósdy) *(w)*

Stimme gólaß (galaßá)

Stoff tkán' (-i) *(w)*, mat'ir'iál (-y)

stören m'ischát'

Strafe (Geld-) schtráf (-y)

Straße úl'iz/a (-y) *(w)*

Straßenbahn tramwá/j (-i)

Streichholz ßp'ítsch'k/a (-'i) *(w)*

streiten ßpór'/it' (-u/-isch) *(III)*

Stück schtúk/a (-'i) *(w)*:
  (Teil) kuß/ók (-k'í)

Student ßtud'ént (-y)
Stuhl ßtúl (-'ja)
Stunde tsch'áß (tsch'aßý)
suchen ißkát* (íschsch'ú, íschsch'isch)
Süden júk
Summe ßúm/a (-y) *(w)*
Suppe ßúp (-y)
süß ßládk'ij

T

Tabak tabák
Tablette tabl'étk/a (-'i) *(w)*
Tag d'én' (dn'í)
täglich jishydn'éwnyj
Tal dal'ín/a (-y) *(w)*
Tankstelle b'insakalónka (-'i) *(w)*
tanzen tanzy/ywát' (-úju-újisch)
Tasche ßúmk/a (-'i) *(w)*;
  (Hosen-) karmán (-y)
tauschen (etw.) m'in'á/t' (-ju/-jisch);
  (miteinander) m'in'á/tza (-juß'/-jischß'a)
Taxi takß'í (=) *(s)*
Tee tsch'áj (tsch'aí)
Teil tsch'áßt' (-i) *(w)*
Telefon t'il'ifón (-y)
telefonieren swan'/ít' (pa-t'il'ifónu) (-ú/-ísch) *(III)*; paswan'/ít' (pa-t'il'ifónu (-ú/-ísch) *(III, v)*
teuer daragój
Theater t'iátr (-y)
tief glubók'ij
Tier shywótn/aji (-yji) *(s)*
Tisch ßtól (ßtalý)
Tod ßm'ért' (-i) *(w)*
Toilette tual'ét (-y)

Toilettenpapier tual'étnaja bumága *(w)*
tot m'órtwyj
töten ub'iwát'
Tourist tur'íßt (-y)
Touristin tur'ißtk/a (-'i) *(w)*
Tradition trad'ízy/ja (-i) *(w)*
tragen naß'ít' (naschú/nóß'isch) *(III)*
traurig grúßnyj
treffen ßtr'itsch'át'
Treffen ßtr'étsch'/a (-i) *(w)*
Treppe l'éßn'iz/a (-y) *(w)*
trinken pít' (p'jú, p'jósch) *(II)*
Trinkgeld tsch'ajiwýji *(Mz)*
trocken ßuchój
tschüss! paká!
Tür dw'ér' (-i) *(w)*
Turm báschn'/a (-i) *(w)*

U

über (Ort) nát *(+4, +5)*;
  (Zeit) tsch'ér'iß *(+2)*;
  (Thema) ó *(+6)*
überall w'isd'é
übernachten natsch'/iwát' (-úju-újisch);
  p'ir'inatsch'/iwát' *(v)*
übersetzen p'ir'iw/ad'ít' (-ashú-ód'isch) *(III)*;
  p'ir'iw'i/ßt'í (-dú/-d'ósch) *(II, v)*
Übersetzer p'ir'iwóttsch'ik (-'i)
Überweisung p'ir'iwó/t (-dy)
Uhr tsch'aßý *(Mz)*
um … zu schtóby
Umleitung abjé/ßt (-sdy)
Umwelt akrushájuschsch'ija ßr'idá *(w)*

umziehen (Wohnung) p'ir'iß'il'á/tza (-juß'/-jischß'a)
  sich u. p'ir'iad'iwá/tza (-juß'/-jischß'a)
unbekannt n'isnakómyj
und í
Unfall awár'ij/a (-i) *(w)*
ungefähr ókala *(+2)*
Universität un'iw'irß'it'ét (-y)
unschuldig n'iw'inównyj
unten wn'isú
unter pót *(+4, +5)*
unterhalten, sich rasgawár'iwat'
Unterkunft apschsch'ishýt'ij/i (-a) *(s)*
Unternehmen pr'itpr'iját'i/ji (-ja) *(s)*
unterrichten abutsch'át'
unterschreiben patp'íßywat';
  patp'/ißát' (-ischú/-íschisch)*(v)*
Urlaub ótpußk (atpußká)

V

Vater at'éz (atzý)
verabreden, sich dagawár'iwa/tza (-juß'/-jischß'a);
  dagawar'/ítza (-úß'/-íschß'a) *(III,v)*
verabschieden, sich praschsch'á/tza (-juß'-jischß'a),
  praßt'/ítza (praschsch'úß'/-íschßja) *(III,v)*
Verantwortung atw'éztw'innaßt' (-i)*(w)*
verboten sapr'ischsch'ónnyj
Verbrechen pr'ißtupl'én'ij/i (-a) *(s)*
verdienen sarabátywat'

vergessen sabywát'; sab/ýt'
(-údu/-úd'isch) (v)

vergnügen, sich raswl'iká/tza
(-juß'/-jischß'a)

verirren, sich sabl/ud'ítza
(-shúß'/-úd'ischß'a) (III,v)

verkaufen prada/wát' (-jú/
-jósch) (II)

verliebt wl'ubl'ónnyj

verlieren t'ir'á/t' (-ju/-jisch);
pat'ir'á/t' (-ju/-jisch) (v)

vermieten ßda/wát' wnajóm
(-jú/-jósch) (II)

Versicherung ßtrachawán'ij/i
(-a) (s)

verspäten, sich apásdywat';
apasdát' (v)

verstehen pan'imát'; pan'át'
(pajmú, pajm'ósch) (II, v)

viel mnóga

vielleicht móshyt být',
wasmóshna

Vogel pt'íza (-y) (w)

Volk naró/t (-dy)

voll pólnyj

von (Ort) ót (+2)

vor (Ort) p'ér'it (+5);
(Zeit) (tamú) nasát

vorbeikommen sach/ad'ít'
(-ashú/-ód'isch) (III); saj/t'í
(-dú/-d'ósch) (II, v)

vorbereiten pr'igatáwl'iwat';
pr'igatów/'it' (-l'u/-'isch) (III, v)

vorher pr'éshd'i

vormittags da-ab'éda

vorne fp'ir'id'í

vorschlagen pr'idlagát'

vorstellen (jmd.) pr'itßtawl'á/t'
(-ju/-jisch); pr'itßtáw/'it' (-l'u/
-'isch) (III, v)

Waggon wagón (-y)

wahr práw'il'nyj

während wa-wr'ém'i, paká

Wahrheit práwda (w)

Wald l'éß (l'íßá)

Ware tawár (-y)

warm t'óplyj

warten shd/át' (-ú/-ósch) (II)

waschen mýt' (móju, mójisch)

Wäscherei prátsch'itsch'n/aja
(-yji) (w)

Wasser wadá (wódy) (w)

wechseln m'in'á/t' (-ju/-jisch);
pam'injá/t' (-ju/-jisch) (v)

wecken bud'ít' (bushú, búd'isch)
(III); rasb/ud'ít' (-ushú/-úd'isch)
(III,v)

weder ... noch n'í ... n'í

Weg daróg/a (-'i) (w)

wegen ís-sa (+2);
(dank) blagadar'á (+3)

weil patamú-schta

weinen plá/kat' (-tsch'u/
-tsch'isch)

weit (weg) dal'ikó

wenden, sich (an)
abraschsch'á/tza (-juß'/
-jischß'a) (k + 3)

wenig málo (+2);
ein m. w. n'imnóga (+2)

Werkstatt maßt'irßk/ája (-'ije) (w)

Westen sápat

Wetter pagóda (w)

wichtig wáshnyj

wie (Vergl.) kák

wieder ap'át'

wiederholen paftar'á/t' (-ju/
-jisch); paftar'/ít' (-ú/-ísch)
(III, v)

Wind w'ét/'ir (-ry)

Winter s'imá (s'ímy) (w)

wissen zná/t' (-ju/-jisch

Woche n'id'él'/a (-i) (w)

wohnen shý/t' (shywú/
shyw'ósch) (II)

Wohnung kwart'ír/a (-y) (w)

Wolke óblaka (ablaká) (s)

wollen cha/t'ét' (-tsch'ú,
chótsch'isch)

Wort ßlówa (ßlawá) (s)

Wörterbuch ßlawár' (-i) (m)

Wunde rán/a (-y) (w)

wunderbar pr'ikráßnyj

wünschen shylát'

zahlen pla/t'ít' (-tsch'ú,
plát'isch) (III); sapla/t'ít'
(-tsch'ú, saplát'isch) (III, v)

Zahn sú/p (-by)

Zahnpasta subnája páßta (w,Ez)

zeigen pakáswat'; pak/asát'
(-ashú/-áshysch) (v)

Zeit wrém'a (wr'im'iná) (s)

Zeitung gas'ét/a (-y) (w)

Zeit palátk/a (-'i) (w)

Zentrum zéntr (-y)

Zigarette ß'igar'ét/a (-y) (w)

Zimmer kómnat/a (-y) (w)

Zoll (Behörde) tamóshn'a (w);
(Gebühr) póschl'ina (-y) (w)

zu (Verhältnisw.) k (+3);
(sehr) ßl'íschkam

zufrieden dawól'nyj

Zug pójißt (pajisdá)

zurück nasát, abrátna

zusammen wm'éßt'i

zwischen m'éshdu (+5)

Wortliste Russisch – Deutsch

A

á aber
ab'é/t (-dy) Mittagessen
ab'idát' zu Mittag essen
ab'isát'il'nyj notwendig
ab'ishát' beleidigen
abjé/ßt (-sdy) Umleitung
abjißn'át' erklären
abmánywat' betrügen
abraschschátza sich wenden (an)
abrátna zurück
abutsch'át' unterrichten
abýtsch'aj (-i) Brauch, Sitte
abýtsch'nyj gewöhnlich
achót'itza jagen
achótna gerne
adálshywat' leihen
addát' abgeben
addawát' abgeben
addychát' sich erholen
ad'éshda Kleidung
ad'ín eins, allein
ádr'iß (adr'ißá) Adresse
af'izyánt (-y) Kellner
afßtr'íj/iz (-zy) Österreicher
afßtr'íjßk'ij österreichisch
aftóbuß (-y) Bus
aftamag'ißtrál' (-i) Autobahn
aftamaschýn/a (-y) Auto
aftaßtajánk/a (-'i) Parkplatz
ag/ón' (-n'i) Feuer
airapórt (-y) Flughafen
akántsch'iwat' beenden
aknó (ókna) Fenster
alkagól' Alkohol
angl'íjßk'ij englisch
apasdát' sich verspäten

apáßnyj gefährlich
ap'át' wieder
apschsch'ishýt'iji Unterkunft
apßlúshywan'ij/i (-a) Bedienung
apt'ék/a (-'i) Apotheke
argan'isawát' organisieren
aschybátza sich irren
aschýpk/a (-'i) Fehler
asnakóm'itza sich bekannt
machen
aßmatr'ét' besichtigen
aßmátr'iwat' besichtigen
aßtanawít' anhalten
aßtanáwl'iwat' anhalten
aßtanófk/a (-'i) Haltestelle
aßtátza bleiben
aßtawátza bleiben
át'éz (atzý) Vater
atjé/ßt (-sdy) Abreise
atkrýt' öffnen
atkrýtk/a (-'i) Postkarte
atkrywát' öffnen
atl'itsch'nyj ausgezeichnet
atsch'k'í Brille
atw'ét (-y) Antwort
atw'éztw'innaßt' (-'i)
Verantwortung
atw'itsch'át' antworten
awár'ij/a (-i) Unfall

B

bagásch Gepäck
bagátyj reich
bajátza sich fürchten
bal'ésn' (-i) Krankheit
bal'ét' schmerzen
bal'n'íz/a (-y) Krankenhaus

bal'nój krank
bal'schój groß
band'iról' (-i) Päckchen
bánk (-'i) Bank (Geld)
báschn'/a (-i) Turm
batar'éj/a (-i) Batterie
bat'ín/ak (-k'i) Schuh
b'édnyj arm
**b'égat' (hin und her) laufen
b'éß ohne
b'il'ét (-y) Fahr-, Eintrittskarte
b'insakalónk/a (-'i) Tankstelle
b'ins'ín Benzin
b'ínt (-y) Binde (Med.)
b'ir'ém'innaja schwanger
b'ishát' laufen
b'ißplátnyj kostenlos
b'it' schlagen
blagadar'á wegen, dank
blánk (-'i) Formular
bl'íßka nahe
bóch (bóg'i) Gott
ból' (-i) Schmerz
bol'schy mehr
bran'irawat' buchen
brát (-'ja) Bruder
brát' nehmen;
   b. naprakát mieten
bud'ít' wecken
búkw/a (-y) Buchstabe
búlatsch'k/a (-'i) Brötchen
bumág/a (-'i) Papier
b'uró (=) Büro
butýlk/a (-'i) Flasche
býßtryj schnell
být' sein (Verb)

Ch

chad'ít' gehen
chalaßtój ledig
chalódnyj kalt
charaschó gut (Umst.)
charóschyj gut
chas'áln Wirt, Hausherr
chat'ét' wollen
chl'é/p (-by) Brot

D

dá ja
dagawar'itza verabreden
dakum'ént (-y) Dokument
dal'ikó weit
dal'ín/a (-y) Tal
daragój teuer
daróg/a (-'i) Weg
daßtapr'im'itsch'át'il'naßt' (-i) Sehenswürdigkeit
daßtátatsch'na genug
dát' geben
dawát' geben
dawól'na genug
dawól'nyj zufrieden
d'élat' machen, tun
d'én' (dn'i) Tag;
  d'. rashd'én'ija Geburtstag
d'én'g'i Geld
d'ér'iwa (d'ir'éw'ja) Holz, Baum
d'ét'i Kinder
d'éwatsch'k/a (-'i) Mädchen
  (Kind)
d'éwuschk/a (-'i) Mädchen
  (junge Frau), Fräulein
d'ijßtw'ít'il'nyj gültig
d'ir'éwn'/a (-i) Dorf
d'irshát' halten

d'ischówyj billig
dl'á für
dl'ínnyj lang
dó bis
dólga lange (zeitl.)
dóm (damá) Haus
dóscht' (dashd'í) Regen
drugój anderer
drúk (drus'já) Freund
drúshb/a (-y) Freundschaft
dshýnßy Jeans
dúmat' denken, glauben
dwar'/éz (-zý) Palast
dw'ér' (-i) Tür
dyrá (dýry) Loch

E

ékßpart (-y) Ausfuhr, Export
état dieser

F

fam'íl'ij/a (-i) Nachname
fataaparát (-y) Fotoapparat
fatagráf'ij/a (-i) Fotografie
fatagráf'írawat' fotografieren
fchad'ít' eintreten
fchó/t (-dy) Eingang
f'íl'm (-y) Film
fkúßnyj schmackhaft
fl'irtawát' flirten
frúkt (-y) Frucht, Mz.: Obst
fß'igdá immer
fß'ó alles
fßpam'inát' sich erinnern
fßtawát' aufstehen
fßtr'étsch'/a (-i) Treffen
fßtr'ítsch'át' treffen
ftsch'irá gestern

G

galódnyj hungrig
gará (góry) Berg
gar'ét' brennen
gas'ét/a (-y) Zeitung
gá/ß (-zy) Gas
gaßt'ín'iz/a (-y) Hotel
gaßt'ipr'iímßtwa Gastfreundschaft
gatów'it' kochen, zubereiten
gatówyj fertig
gawar'it' reden, sagen
g'ig'í jéna Hygiene
glád'it' bügeln
glubók'ij tief
glúpyj dumm
gn'ilój faul, verfault
gólaß (galaßá) Stimme
gólyj nackt
górat (garadá) Stadt
górk'ij bitter
góßt' (-i) Gast
gó/t (-dy) Jahr
grám (-y) Gramm
gran'íz/a (-y) Grenze
grasá (grósy) Gewitter
grashdan'in (gráshdan'i) Bürger
grashdánßtwa Staatsangehörigkeit
gr'ásnyj schmutzig
gr'íp Grippe
grómk'ij laut
grúbyj grob
grúp/a (-y) Gruppe
grúßnyj traurig
gul'át' spazieren

I

í und
iglá (ígly) Nadel

igrúschk/a (-'i) Spielzeug
ikanóm'it' sparen
ikßkúrß'ij/a (-i) Ausflug
íl'i oder;
  í. ... í. entweder ... oder
ím'a (im'iná) (Vor-)Name
im'ét' haben
inagdá manchmal
inaßtrán/'iz (-zy) Ausländer
inaßtránk/a (-'i) Ausländerin
infarmázyj/a (-i) Auskunft
int'ir'éßnyj interessant
int'ir'ißawátza sich interessieren
íß aus
ís-sa wegen
ißkát' suchen
ißkúßßtw/a (-a) Kunst
ißtór'ij/a (-i) Geschichte
isw'éßnyj berühmt
isw'éßt'ij/i (-a) Nachricht
isw'in'ítza sich entschuldigen
itt'í gehen

J

já/t (-dy) Gift
jéchat' fahren
jésd'it' fahren (mit etw.)
jéßl'i wenn, falls
jéßt' essen; es gibt
jidá Essen
jischsch'ó noch
jishydn'éwnyj täglich
jishygódnyj jährlich
jis/ýk (-yk'í) Sprache, Zunge
júk Süden

K

k zu, nach

kagdá als, wenn (zeitl.), wann
kák wie (Vergleich)
kal'íßó (kal'óßa) Rad
kal'ítsch'ißtw/a (-a) Menge
kám/'in' (-n'i) Stein
kan'éschna natürlich (Umst.)
kan/'éz (-zý) Ende
kan'íkuly Ferien
kanzért (-y) Konzert
karandásch (-y) Bleistift
kar'idór (-y) Flur
karótk'ij kurz
kárt/a (-y) (Land-)Karte
kart'ín/a (-y) Bild (Kunst)
káshdyj jeder
káßß/a (-y) Kasse
kátsch'ißtwa Qualität
k'inat'iátr Kino
kláßt' legen
kl'útsch' (-i) Schlüssel
kn'íg/a (-'i) Buch
kóf'i Kaffee
kómnat/a (-y) Zimmer
kónßul'ßtw/a (-a) Konsulat
krásh/a (-y) Diebstahl
kraß'íwyj schön
krawát' (-i) Bett
kr'épk'ij stark (z. B. Kaffee)
kr'itsch'át' schreien
króm'i außer
któn'ibut' jemand
kúchn'/a (-i) Küche
kupátza baden
kupé Abteil
kup'ít' kaufen
kur'ít' rauchen
kúschan'j/i (-a) Essen
kuß/ók (-k'í) Stück, Teil
kwart'ír/a (-y) Wohnung

L

lámp/a (-y) Lampe
lantscháft (-y) Landschaft
l'éß (l'íßá) Wald
l'éßn'iz/a (-y) Treppe
l'éta Sommer
l'gót/a (-y) Ermäßigung
l'í ob
l'ikárßtw/a (-a) Medikament
l'in'íwyj faul, träge
l'ishát' liegen
l'itát' fliegen
l'itsch'it' behandeln (Arzt)
l'óchk'ij leicht
l'ót (l'dý) Eis (gefror. Wasser)
lótk/a (-'i) Boot
l'ubapýtnyj neugierig
l'ub'ít' lieben
l'ubóf' Liebe
l'úd'i Leute, Menschen
luná (lúny) Mond
lúttschyj besserer

M

magas'ín (-y) Laden
mála wenig
maladój jung
mál'ink'ij klein
mal'iwát' malen
malóshyj jünger
mál'tsch'ik (-'i) Junge
maróshynaji Speiseeis
maró/ß (-sy) Frost
maschýn/a (-y) Fahrzeug, Auto
m'áßa Fleisch
máßla (maßlá) Öl, Butter
maßt'irßk/ája (-'iji) Werkstatt
mát' (mát'ir'i) Mutter

matazýkl (-y) Motorrad
mat'ir'lál (-y) Stoff
matór (-y) Motor
m'édl'innyj langsam
m'élatsch' (-i) Kleingeld
m'éshdu zwischen
m'éß'iz (-y) Monat
m'éßnaßt' (-i) Gegend
m'éßt/a (-a) Ort, Platz, Stelle
**m'in'át' tauschen, wechseln
m'in'ú (=) Speisekarte
m'ischát' stören
m'ishdunaródnyj international
m'inút/a (-y) Minute
mnóga viel
mód/a (-y) Mode
mókryj nass
mór'i (mar'á) Meer
m'órsnut' frieren
m'órtwyj tot
móshna man kann, es ist möglich
móßt (-y) Brücke
mótsch' können, dürfen;
  móshyt být' vielleicht
músch (mush'já) Ehemann
muschsch'in/a (-y) Mann
mus'éj (-i) Museum
músyka Musik
mýla (-a) Seife
mýt' waschen

N

ná in, auf, nach
nachad'ít' finden;
  nachad'ítza sich befinden
náda man muss
nad'éjitza hoffen
nagá (nóg'i) Fuß, Bein
najt'í finden

nakan'éz endlich (Umst.)
nal'éwa nach links
nal'ítsch'nyji Bargeld
nap'ißát' schreiben
nap'ít/ak (-k'i) Getränk
naprakát mietweise, leihweise
napráwa nach rechts
naprót'if im Gegenteil
narmál'nyj normal
naró't (-dy) Volk
nasát zurück, vor (zeitl.)
naß'ít' tragen
naßtajáschsch'ij echt
nát über (örtl.)
natsch'ála Beginn
natsch'át' anfangen
natsch'inát' anfangen
natsch'iwát' übernachten
naw'irchú oben
nazyanál'naßt' (-i) Nationalität
n'é nicht, kein
n'éba Himmel
n'éßkal'ka einige, ein paar
n'ét nein, kein
n'í ... n'í weder ... noch
n'idal'ikó nahe
n'idaragój billig
n'id'él'/a (-i) Woche
n'ikagdá niemals
n'iktó niemand
n'imnóga ein bisschen
n'ipráw'il'nyj falsch
n'ischtó nichts
n'isnakómyj unbekannt
n'íßk'ij niedrig
n'iw'inównyj unschuldig
nó aber
nóm'ir (-a) Nummer; Zimmer
nósch (nashý) Messer
nóshn'izy Schere

nótsch' (-i) Nacht
nówyj neu
nráw'itza gefallen
núshna man braucht

O

ó über (Thema)
óblaka (ablaká) Wolke
óbuf' Schuhe, Schuhwerk
ókala etwa, ungefähr
ópschsch'ißtwa Gesellschaft
ós'ira (as'óra) See
óß'in' (-i) Herbst
óßtraf (aßtrawá) Insel
óßtryj scharf
ót von (Ort)
ótpußk (atpußká) Urlaub
ótsch'in sehr
ówaschsch'i Gemüse

P

pádat' fallen
padrúg/a (-'i) Freundin
paftar'át' wiederholen
paftar'it' wiederholen
pagóda Wetter
pajéßtk/a (-'i) Reise
paká während; tschüss!
pakasát' zeigen
pakásywat' zeigen
pak'ét (-y) Paket
pakupát' kaufen
palashén'ij/i (-a) Lage
palashýt' legen
palátk/a (-'i) Zelt
palaw'in/a (-y) Hälfte
pal'ít'ika Politik
pál'/iz (-zy) Finger

palutsch'át' bekommen
palutsch'ít' bekommen
pam'in'át' wechseln
pan'át' verstehen
pan'imát' verstehen
pár/a (-y) Paar
párk (-i) Park
paróm (-y) Fähre
pasdrawl'át' gratulieren
paswan'ít' telefonieren
paß'ischsch'át' besuchen
paß'ischsch'én'ij/i (-a) Besuch
paß'it'it' besuchen
paßól'ßtw/a (-a) Botschaft
páßpart (paßpartá) Reisepass
páßta: súbnaja p. Zahnpasta
paßtáw'it' stellen;
  p. maschýnu parken
paßt'él' (-i) Bett
paßtróit' bauen
paßylát' schicken
patamú-schta weil
pat'ét' schwitzen
pat'ir'át' verlieren
patklátk/a (-'i) Binde (Hygiene)
patp'ißát' unterschreiben
pazyént (-y) Patient
pazylú/j (-i) Kuss
p'ér'it vor
p'éßn'/a (-i) Lied
p'ét' singen
p'ir'iad'iwátza sich umziehen
p'ir'inatsch'iwát' übernachten
p'ir'ip'ißywatza sich schreiben
p'ir'irý/f (-wy) Pause
p'ir'iß'il'átza umziehen
p'ir'ißtawát' aufhören
p'ir'iúl'/ak (-k'i) Gasse
p'ir'iwad'it' übersetzen
p'ir'iw'ißt'í übersetzen
p'ir'iwó/t (-dy) Überweisung

p'ir'iwóttsch'ik (-'i) Dolmetscher
p'irßón/a (-y) Person
p'ischkóm zu Fuß
p'ißát' schreiben
p'iß'mó (p'iß'ma) Brief
p'ít' trinken
p'íwa Bier
p'jányj betrunken
plachój schlecht
plákat' weinen
plán (-y) Plan
platfórm/a (-y) Bahnsteig
plat'ít' zahlen
pláwat' schwimmen
plazkárt/a (-y) Platzkarte
plócha schlecht (Umst.)
plóschsch'ad' (-i) Platz
pójißt (pajisdá) Zug
pól'i (pal'á) Feld
pólnyj voll
pól'sawatza benutzen
pómaschsch' (-i) Hilfe;
  ßkóraja p. Krankenwagen
pórt (partý) Hafen
póschl'ina Zoll (Gebühr)
pót unter
póßl'i nach (zeitl.)
pótsch'ta (-y) Post
pósna spät (Umst.)
prabl'ém/a (-y) Problem
prachládnyj kühl
pradawát' verkaufen
pradúkty (p'itán'ija)
  Lebensmittel (Mz)
praf'éßß'ij/a (-i) Beruf
pragrámm/a (-y) Programm
pragúlk/a (-'i) Spaziergang
praisnaschén'ij/i (-a) Aussprache
pramýschl'innaßt' Industrie
pr'ánaßt' (-i) Gewürz
prap'ißywatza sich anmelden

praschsch'átza
  sich verabschieden
prásnawat' feiern
prásn'ik (-'i) Feiertag
praßp'ékt (-y) Prospekt
praßt'ítza sich verabschieden
praßtój einfach, leicht
praßtúd/a (-y) Erkältung
praßtyn'á (próßtyn'i) Laken
pratsch'itát' lesen
prátsch'itsch'n/aja (-yji)
  Wäscherei
práw/a (-a) Recht
prawadn'ík (-'i) Schaffner
prawashát' begleiten
práwda Wahrheit
práw'il'nyj wahr, richtig
praw'ir'át' kontrollieren
pr'éshd'i vorher;
  p. tsch'ém bevor
pr'ibýt' ankommen
pr'ibýt'iji Ankunft
pr'ibywán'ij/i (-a) Aufenthalt
pr'ibywát' ankommen;
  sich aufhalten
pr'ichad'ít' kommen
pr'idlagát' vorschlagen
pr'igatáwl'iwat' vorbereiten
pr'igatów'it' vorbereiten
pr'iglaschát' einladen
pr'iglaschén'ij/i (-a) Einladung
pr'ijátnyj angenehm
pr'ijt'í kommen
pr'ikráßnyj wunderbar
pr'il'éshnyj fleißig
pr'inaß'ít' bringen
pr'in'imát' annehmen,
  empfangen (Gäste);
  p. dúsch duschen
pr'in'ißt'í bringen
pr'iróda Natur

pr'is'irwat'í/f (-wy) Kondom
pr'ißtupl'én'ij/i (-a) Verbrechen
pr'itpr'iját'ij/i (-a) Unternehmen
pr'itßtáw'it' vorstellen
pr'itßtawl'át' vorstellen
pr'iwétl'iwyj freundlich
pr'iwézwawat' (be)grüßen
pr'iw'ifk/a (-'i) Impfung
próbawat' probieren, kosten
prós'b/a (-y) Bitte
próßta einfach, leicht (Umst.)
prót'if gegen(über)
pt'íz/a (-y) Vogel
pußtój leer
put'ischéßtwawat' reisen

R

rabót/a (-y) Arbeit
rabótat' arbeiten
rád'ia (=) Radio(gerät)
rad'it'il'i Eltern
rána früh (Umst.)
rán/a (-y) Wunde
ránn'ij früh
rán'schy früher
rasb'ítyj kaputt (entzwei)
rasbud'ít' wecken
raschsch'óßk/a (-'i) Kamm
rasd'iwát' ausziehen
rasgawár'iwat' sich unterhalten
rasgawór (-y) Gespräch
rasr'ischát' erlauben
rasr'ischén'ij/i (-a) Erlaubnis
raswl'ikátza sich vergnügen
rá/ß (-sy) Mal
raßp'ißán'ij/i (-a) Fahrplan
raßpródannyj ausverkauft
raßßkasát' erzählen
raßßkásywat' erzählen

raßßká/ß (-sy) Geschichte
rát froh
r'ét'k'ij selten
r'ib'ónak Kind
r'ig'ißtr'irawat' registrieren
r'igul'árnyj regelmäßig
r'iká (rék'i) Fluss
r'imant'irawat' reparieren
r'imónt (-y) Reparatur
r'ischát' entscheiden
ruká (rúk'i) Hand, Arm
rýb/a (-y) Fisch
rýn/ak (-k'i) Markt

S (ß)

sá hinter
sablud'ítza sich verirren
sabran'irawat' buchen
sabýt' vergessen
sabywát' vergessen
sachad'ít' vorbeikommen
sáftra morgen
sáftrak (-'i) Frühstück
sáftrakat' frühstücken
sagran'íza Ausland
sajishshát' abholen (fahren)
sajt'í vorbeikommen
sakasát' bestellen
sakásywat' bestellen
saká/ß (-sy) Bestellung
sakón (-y) Gesetz
sakrýt' schließen
sakrywát' schließen
sam/ók (-k'i) Schloss
san'imátza sich beschäftigen (mit)
sapaln'át' ausfüllen
sapam'inát' sich merken
sápat Westen
saplatít' zahlen

sapr'ischsch'ónnyj verboten
sarabátywat' verdienen
saschsch'íta Schutz, Verhütung
schkól/a (-y) Schule
schl'áp/a (-y) Hut
schpr'íz (-y) Spritze
schsch'áßt'i Glück
schsch'ißl'íwyj glücklich
schsch'itat* rechnen
schsch'/ót (-itá) Rechnung, Konto
schtóby um ... zu
schtráf (-y) (Geld-)Strafe
schtúk/a (-'i) Stück
schw'ijzár/'iz (-zy) Schweizer
schw'ijzárßk'ij schweizerisch
schýn/a (-y) Reifen
schyrók'ij breit
sdán'ij/i (-a) Gebäude
sd'élat' machen, tun
sdarów'ji Gesundheit
sdarówyj gesund
s'érkala (-a) Spiegel
shálawatza sich beschweren
shár Fieber
shdát' warten
shénschsch'in/a (-y) Frau
shylát' wünschen
shyná (shóny) Ehefrau
shýsn' (-i) Leben
shyt' leben, wohner
shýt'il' (-i) Einwohner
shywót (-y) Bauch
shywótn/aji (-yji) Tier
s'imá (s'ímy) Winter
s'iml'á (s'éml'i) Erde
sm'ijá (sm'éji) Schlange
snakóm'itza sich kennen lernen
snam'in'ítyj berühmt
snát' wissen, kennen
sólata Gold

Wortliste Russisch – Deutsch A–Z

ßónt'ik (-'i) Schirm
ß mit
ßaapschsch'át' mitteilen
ßaapschsch'it' mitteilen
ßad'ítza sich setzen, einsteigen
ßafß'ém ganz (Umst.);
  ß. n'é gar nicht
ßagláß'in einverstanden
ßamal'ót (-y) Flugzeug
ßaßú/t (-dy) Gefäß
ßaw'étawat' empfehlen, raten
ß'éßt' sich setzen
ß'éw'ir Norden
ß'id'ét' sitzen
ß'igar'ét/a (-y) Zigarette
ß'ikúnd/a (-y) Sekunde
ßil'nyj stark, kräftig
ß'im'já (ß'ém'ji) Familie
ß'ir'ibró Silber
ß'ißtrá (ß'óßtry) Schwester
ß'itsch'áß sofort, gleich, jetzt
ßkam'j/á (-í) (Sitz-)Bank
ßkasát' reden, sagen
ßkóra bald
ßkutsch'nyj langweilig
ßlátk'ij süß
ßlawár' (-i) Wörterbuch
ßl'éwa links
ßl'íschkam zu (viel)
ßlóshnyj kompliziert
ßlów/a (-a) Wort
ßlúschat' zuhören
ßlýschat' hören, erfahren
ßm'ért' (-i) Tod
ßm'ijátza lachen
ßm'ischnój lustig, komisch
ßmatr'ét' (an)sehen
ßmótsch' können, dürfen
ßnarúshy draußen
ßn'ék (ßn'igá) Schnee

ßónzy Sonne
ßópßtw'innaßt' Eigentum
ßpáln'/a (-i) Schlafzimmer
ßpát' schlafen
ßpélyj reif
ßp'éschnyj eilig
ßp'itsch'k/a (-i) Streichholz
ßpór'it' streiten
ßpórt Sport
ßpráfk/a (-'i) Auskunft
ßpráschywat' fragen
ßpraß'ít' fragen
ßpráwa rechts
ßpráwatsch'n/a/ja (-yjè)
  Auskunftsbüro
ßprawl'átza sich erkundigen
ßr'idá: akrushájuschsch'ija ß.
  Umwelt
ßrótsch'nyj dringend
ßtaját' stehen; kosten (Preis)
ßtakán (-y) (Trink-)Glas
ßtáryj alt
ßtáw'it' stellen
ßt'ikló Glas
ßt'iná (ßt'ény) Wand
ßtól (ßtalý) Tisch
ßtrách (-'i) Angst
ßtrachawan'ij/i (-a) Versicherung
ßtraná (ßtrány) Land
ßtr'il'át' schießen
ßtróit' bauen
ßtud'ént (-y) Student
ßtúl (-'ja) Stuhl
ßuchój trocken
ßúdna (ßudá) Schiff
ßúm/a (-y) Summe
ßúmk/a (-'i) Tasche
ßúp (-y) Suppe
ßuprúg'i Eheleute
ßwabódnyj frei
ßwád'b/a (-y) Hochzeit

ßwarátsch'iwat' abbiegen
ßw'éshyj frisch
ßw'ét Licht
ßw'irnút' abbiegen
ßýra feucht (Umst.)
sú/p (-by) Zahn
swan'ít' telefonieren
sw'isdá (sw'ósdy) Stern

T

tabák Tabak
tabl'étk/a (-'i) Tablette
ták so
takß'i (=) Taxi
tamóshn'a Zollamt
tanzywát' tanzen
tarap'ítza sich beeilen
targówl'a Handel
tawár (-y) Ware
t'éßnyj eng
t'iátr (-y) Theater
t'il'ifón (-y) Telefon
t'il'iw'ísar (-y) Fernsehgerät
t'imnó dunkel (Umst.)
t'ip'ér jetzt
t'ir'át' verlieren
t'ir'itórij/a (-i) Gebiet
t'ishólyj schwer (Gewicht)
tkán' (-i) Stoff (Textil)
tól'ka nur
t'ómnyj dunkel
tónk'ij dünn
t'óplyj warm
tóshy auch
tót jener
tótsch'nyj genau
trad'ízyj/a (-i) Tradition
tramwá/j (-i) Straßenbahn
tróß (-y) Seil

сто восемьдесят семь ßtó wóß'imd'iß'it ß'ém' **187**

trúdnyj schwierig
trút (trudý) Arbeit
tsch'áj (tsch'ai) Tee
tsch'ajiwýji Trinkgeld
tsch'áß (tsch'aßý) Stunde;
 tsch'aßý *a.*: Uhr
tsch'áßnyj privat
tschástʼ (-i) Teil;
 sapáßnaja tsch. Ersatzteil
tsch'áßta oft
tsch'ék (-'i) Scheck
tsch'ém als (Vergleich)
tsch'ér'iß (hin)durch, über,
 in (zeitl.)
tsch'ilaw'ék Mensch
tsch'itátʼ lesen
tsch'ushój fremd
tsch'ußtw/a (-a) Gefühl
tsch'ußtwawatʼ sich fühlen
tual'ét (-y) Toilette
tudá dorthin
tur'íßt (-y) Tourist
tw'órdyj hart, fest

U

ú bei, neben
ub'ítʼ töten
ub'iwátʼ töten
udaßtaw'ir'én'ij/i (-a) Ausweis
ujéchatʼ abfahren
ujishshátʼ abfahren
ujútnyj gemütlich
ukól (-y) Spritze, Injektion
ukraschén'ije Schmuck
ul'itátʼ abfliegen
ul'it'étʼ abfliegen
úl'iz/a (-y) Straße
ulybátza lächeln
um'étʼ können
um'irátʼ sterben

úmnyj klug
un'iw'irmá/k (-g'i) Kaufhaus
un'iw'irß'it'ét (-y) Universität
ushé schon
úshyn (-y) Abendbrot
úshynatʼ zu Abend essen
ußp'éch (-'i) Erfolg
ußtályj müde
útra Morgen
útram morgens
utsch'in'/ík (-ik'í) Schüler
utsch'ítza lernen
utʼ/úk (-ug'í) Bügeleisen
uw'idaml'átʼ benachrichtigen

W

w in, nach, um (Uhr)
wadá (wódy) Wasser
wagón (-y) Waggon
wagsál (-y) Bahnhof
wal'úta Devisen
wánn/aja (-yjl) Badezimmer
war'ítʼ kochen, brauen
wáshnyj wichtig
wasmóshna vielleicht
wasmóshnyj möglich
waßtók Osten
wa-wr'ém'i während
wáta Watte
wdrúk plötzlich
w'édamßtw/a (-a) Behörde
w'ér'itʼ glauben, vertrauen
w'éshl'iwyj höflich
w'éß (w'ißá) Gewicht
w'éß' ganz
w'ét/'ir (-ry) Wind
w'étsch'ir (w'itsch'irá) Abend
w'íd'itʼ sehen;
 w'id'itza sich begegnen
w'ilaß'ip'é/t (-dy) Fahrrad

w'iná Schuld
w'inównyj schuldig
w'isd'é überall
w'is'ít (-y) Besuch
w'ißná Frühling
w'iß'ólyj lustig, fröhlich
wlad'él'/iz (-zy) Besitzer
wl'ubl'ónnyj verliebt
wm'éßta anstatt
wm'éßt'i zusammen
wn'isú unten
wnutr'í drinnen
wólaß (-y) Haar
wór (-y) Dieb
wósduch Luft
wósraßt (-y) (Lebens-)Alter
wrátsch' (-i) Arzt
wr'ém'a (wr'im'iná) Zeit;
 w. góda Jahreszeit
ws'átʼ nehmen
wslóm (-y) Einbruch
wychad'ítʼ hinausgehen,
 aussteigen
wýcha/t (-dy) Ausgang
wyígrywatʼ gewinnen
wýji/ßt (-sdy) Ausreise, Ausfahrt
wyjt'í hinausgehen, aussteigen
wyrashátʼ ausdrücken
wyßók'ij hoch
wýßtafk/a (-'i) Ausstellung
wýwa/ß (-sy) Ausfuhr

Z

zéntr (-y) Zentrum
zérk/af' (-w'i) Kirche
zw'ét (zw'itá) Farbe
zw'it'ók (-ý) Blume
zylawátʼ küssen
zyná (zény) Preis

Weitere Titel für die Region von REISE KNOW-HOW

Russisch Slang – das andere Russisch

Holger Knauf

978-3-8317-6432-7
160 Seiten │ Band 213

Umschlagklappen mit Aussprachehilfen und wichtigen Redewendungen für den alltäglichen Gebrauch

9,90 Euro [D]

AusspracheTrainer Russisch Slang

Holger Knauf

978-3-8317-6250-7
Ca. 60 Min. Laufzeit

Umgangssprache, Jugendsprache, Jargon, Szene, Slang, Schimpfkultur, die lockere Sprache des Alltags

7,90 Euro [D]

www.reise-know-how.de

Weitere Titel für die Region
von REISE KNOW-HOW

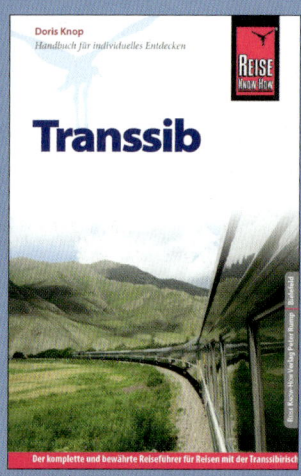

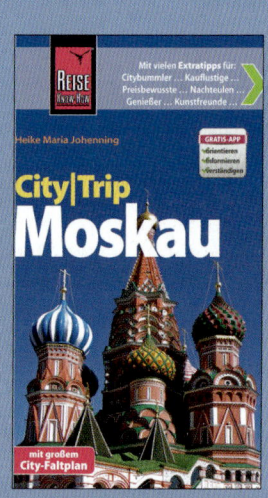

Transsib

Doris Knop

978-3-8317-2357-7

408 Seiten | **19,50 Euro [D]**

33 detaillierte Karten und Stadtpläne
Liste der wichtigsten Bahnhöfe
Zugfahrpläne

CityTrip Moskau

Heike Maria Johenning

978-3-8317-2524-3

11,95 Euro [D]

www.reise-know-how.de

Die Autorin

Elke Becker, Jahrgang 1957. Meine Schulzeit habe ich in der DDR verbracht. Weil ich oft und gerne auf Reisen ging, begann ich mit Begeisterung, Sprachen zu lernen: Russisch, Englisch, Französisch. Fast regelmäßig verbrachte ich meine Ferien in der ehemaligen Sowjetunion. Nach einem Berufsabschluss als Mess- und Regeltechnikerin beschloss ich, Sprachen zu studieren.

Anstelle meines weiteren Lebenslaufes ist vielleicht Folgendes interessanter: Ich reise immer noch gerne, vor allem auch nach Russland. Es ist ein tolles Land mit herrlichen Landschaften und liebenswerten Leuten.